Paule du Bouchet

Sing, Luna, sing

Paule du Bouchet

Sing, Luna, sing

**Ein Mädchen erlebt
das Warschauer Ghetto**

**Aus dem Französischen
von Corinna Tramm**

Urachhaus

Für Faustine und Pierre

Die Autorin:
Paule du Bouchet, geboren 1951, ist ausgebildete Pianistin. Sie ist
Autorin einer ganzen Reihe von Kinder- und Jugendbüchern, da-
runter Monographien über Picasso, Bach, Schubert und Sophie
Scholl sowie historischer Romane.

Die französische Originalausgabe erschien 2004 unter dem Titel
Chante, Luna bei Éditions Gallimard Jeunesse

ISBN 978-3-8251-7684-6

Erschienen 2010 im Verlag Urachhaus, Stuttgart
www.urachhaus.com

© 2010 Verlag Freies Geistesleben & Urachhaus GmbH, Stuttgart
© 2004 Éditions Gallimard Jeunesse, Paris
Umschlagmotive: © mauritius images / corbis und
The ghetto walls of Warsaw, behind which are contained 500.000 Jews
© Hulton-Deutsch Collection / CORBIS
Umschlaggestaltung: Ursula Weismann
Gesamtherstellung: CPI – Clausen & Bosse, Leck

INHALT

DER FRIEDE

Ich heiße Lula, doch als ich noch klein war, nannte man mich Luna. Niemand außer meinem Vater wusste, dass Luna in einer fernen Sprache, die nicht die unsere war, ›Mond‹ bedeutete. Mein Vater wusste alles, sogar das. Er hat mich von meinem dritten Lebensjahr an Luna gerufen. Meine Großmutter sang mir damals ein altes polnisches Wiegenlied: »Der Mond ist weiß, schlaf, meine Luna; bald wird der Mond verblassen, bald, Luna, kommt der Tag.« Sie sagte: »Schlaf, meine Luna«, und dieses N, das sich einschlich, war wie ein Geheimnis. Ich liebte dieses Wiegenlied. Ich liebte meine Großmutter.

Ich sang die ganze Zeit, unablässig, Tag und Nacht. Manchmal tat meine Mutter so, als ob sie böse würde. Dann rief sie mich bei meinem richtigen Namen.

»Lula! Wirst du wohl aufhören! Es ist jetzt nicht Zeit zum Singen, sondern zum Schlafen. Du hinderst deinen Bruder am Einschlafen!«

Ich war einige Minuten still, und dann fing ich leise wieder an. Meine Mutter stand von Neuem auf, um mit mir zu schimpfen, ich sang noch leiser, und meine Stimme wurde hauchdünn wie ein Faden. Doch dieser Faden riss nie ganz ab. Ich fuhr mit meinem Zwitschern fort, ohne es selbst zu merken. Im Nebenzimmer hörte ich meine Eltern leise sprechen:

»Lass sie, Shoshana«, sagte mein Vater, »so eine Stimme ist eine Gabe Gottes. Hör lieber zu, das ist reines Silber, der Schmelz des Mondes, diese Stimme …«

Meine Mutter sagte in gewollt ärgerlichem Ton:

»Sie hindert alle am Schlafen ...«

»Sie stört niemanden«, entgegnete mein Vater. »Weißt du, niemand kann von einer Mondstimme gestört werden ... Man kann vom Mond gestreichelt, gewiegt, verzaubert, betört werden. Aber gestört ... niemals.«

Meine Mutter protestierte leise: »Du lässt ihr alles durchgehen, Henryk.«

Mein Vater flüsterte weitere Worte, die ich nicht verstand, ich hörte nur den warmen Kern seiner Stimme, die so weich wie der Samt war, aus dem meine Mutter meine Festtagskleider nähte. Shoshana protestierte zum Schein noch ein wenig. Dann verschmolz alles zu einem Gemurmel, und ich schlief schließlich über irgendeiner geheimnisvollen Melodie ein. Ich war Luna, der Honigschmelz des Mondes, die Liebe meines Vaters, die Zärtlichkeit meiner Großmutter. Luna mit der Silberstimme, und die Ruhe des Schlafs hüllte mich ein wie ein Mantel.

Ich war damals, in dieser glücklichen Zeit, weit davon entfernt, mir vorzustellen, dass mir diese Stimme eines Tages das Leben retten würde.

Mein Vater spielte kein Instrument, und das gehörte zu den Dingen in seinem Leben, die er zutiefst bedauerte.

Ich glaube, dass er mehr Musiker war als alle Musiker, denen ich danach begegnete. Er hatte die Musik in sich, er sprach in Musik, fasste das Leben musikalisch auf. Es war schwer zu erklären. Mein Vater gab sich nicht damit zufrieden, Musik leidenschaftlich zu lieben, und uns, Jakob und mich, vom fünften Lebensjahr an in alle Konzerte mitzunehmen, die er regelmäßig besuchte. Nein, er hatte seine eigene Art, den Klang der Dinge wahrzunehmen – dem Rauschen eines Baches zuzuhören, der sich unter den Gräsern verriet, dem penetranten Rhythmus eines tropfenden Wasserhahns, dem pfeifenden Wind in den Blättern der Zitterpappel, dem verdrossenen Jammern eines gescholtenen Kindes. Seine Art, wie er die Töne wahrnahm und lächelnd auf sie hinwies, wobei er den Finger mit beseeltem Gesichtsausdruck zum Ohr führte, diese so ganz eigene, durch und durch musikalische Art berührte mich unendlich. Meine Beziehung zu ihm war von Anfang an durch dieses Hören geprägt. Ich erinnere mich heute daran als an einen charakteristischen Zug meines Vaters, in dem ich mich so sicher wie in einem Spiegel wiedererkenne.

Und mit drei Jahren sang ich aus vollem Halse, um ihm zu gefallen.

Mein Bruder Jakob und ich bekamen in der Musikschule von Warschau Geigenunterricht, als wir jeweils sechs Jahre alt wurden. Ich hätte lieber Klavier gelernt, doch wir waren nicht wohlhabend genug, um uns eines anzuschaffen, und mein Vater besaß eine Geige, die er von seinem eigenen Vater bekommen hatte.

Wir lernten also zu zweit Geige, auf einem einzigen Instrument, das für unsere kleinen Arme zehn Mal zu groß war. Das zwang uns zu seltsamen Verrenkungen. Anfangs erreichte mein linker Arm nicht einmal die Schnecke. Ich spielte, so gut ich konnte, mit der Hand in der Mitte des Griffbretts und streckte den rechten Arm, den Bogenarm, so sehr, dass ich mir fast die Schulter ausrenkte. Mein Lieblingsinstrument war ohnehin die Stimme. Ich wusste das, sogar schon damals, als ich, um meine Eltern zufriedenzustellen, den kleinen Walzer von Brahms spielte und dabei auf katastrophale Weise über die Saiten kratzte.

Wenn ich sang, hörten mir die Leute zu. Obwohl damals viele Leute sangen. Es gab zahlreiche Gelegenheiten, und niemand zierte sich, bei einer Bar Mitswa, einer Hochzeit oder einem Fest ein Liedchen anzustimmen. Doch bat man fast immer mich, zu singen. Ich tat dies mit Vergnügen ohne die leiseste echte oder falsche Scham, die den meisten kleinen Mädchen eigen ist.

Das erste Mal geschah es am Geburtstag meiner Mutter. Ich hatte mein schönes dunkelgrünes Kleid aus Feincord mit den Puffärmeln angezogen. Einige Freunde waren da. Als wir mit dem Essen fertig waren, bat mich mein Vater:

»Sing, Luna, sing uns doch etwas.«

Ich war sieben Jahre alt. Meine Mutter murmelte, wie so häufig:

»Henryk, lass sie doch ...«

Mein Vater lächelte mich ermutigend an. Eine Welle des Glücks erfüllte mich. Etwas Warmes brannte in meinem ganzen Körper, als ich auf den Stuhl kletterte. Ich sehe mich noch die Falten meines Kleides glattstreichen. Nicht eine Sekunde lang verlor ich die Fassung, und ich sang das jiddische Wiegenlied, das ich so liebte: *Schlof, mein Kind.*

Ich sang mit solcher Inbrunst, dass ich sah, wie sich die Augen um den Tisch herum mit Tränen füllten. Ich schloss die Augen und sang das Lied zu Ende. Ich vernahm die Stille, die auf den letzten Nachhall meiner Stimme folgte. Und dann das Klatschen. Ich sah den zutiefst glücklichen Gesichtsausdruck meines Vaters. Meine Mutter drückte mich an sich. Meine Tante sagte: »Liebe Lula!« Ich glaube, dass ich das alles ganz normal fand. Es war eben so, wie es war. Ich hatte überhaupt nicht das Gefühl, eingebildet zu sein oder Theater zu spielen. An diesem Tag wurde mir einfach zum ersten Mal bewusst, welche Wirkung meine Stimme auf die anderen hatte.

Bei uns in der Siena-Straße Nr. 9 roch es gut. Mama liebte Gewürze und setzte sie allen Gerichten zu. Die ganze Wohnung duftete nach würziger Brühe. Über dem Herd gab es ein Regal voller kleiner Dosen mit Pulvern oder Körnern in allen Farben: gelb, rot, safranfarben, gräulich, mit Gold gesprenkelt, weiß, orangefarben. Einmal in der Woche machte ich mit meiner Mutter am Freitagvormittag vor dem Shabbat Hausputz. Ich säuberte das Gewürzregal, auf dem sich regelmäßig buntes Pulver ausbreitete. Mama tat immer viel Kümmel in ihre Gerichte, der kleinem Mäusekot glich; aber ich liebte auch die Anissterne, die Nelken, mit denen sie die dicken Zwiebeln für die Suppe spickte, und den roten Paprika, der so aussah, als würde er brennen, auf der Zunge aber sehr sanft schmeckte.

Bevor man unser Stockwerk erreichte, stieg einem schon der Duft in die Nase. Es war nicht wie bei unseren Nachbarn einen Stock tiefer. Ich war ein wenig mit Celia, der einzigen Tochter des Rabbis, befreundet. Bei ihnen roch es nur nach Büchern. Dass heißt, nach nichts. Im Wohnzimmer, an der hinteren Wand, befand sich die Lade mit den Thorarollen. Alle anderen Wände waren mit Büchern bedeckt.

Celia war ein schüchternes Mädchen, das in der Schule glänzte; ich dagegen war pfiffig und absolut schlecht im Unterricht. Meine Mutter bezeichnete mich seufzend als »zu nichts zu gebrauchen«, mein Vater lachte und erwiderte, dass dies immer noch besser sei, als eine, die für alles gut war. Mein Vater verteidigte mich immer. Es war ihm egal, was ich in der Schule tat. Er sagte, mit meiner Stimme würden mir alle Türen offen stehen. Ich wusste zwar nicht, von welchen Türen die Rede war, doch fand ich, dass er Recht hatte.

Celia kam häufig zu uns. Ich glaube, sie langweilte sich zu Hause. Ihre Eltern redeten nicht, und sie aßen jeden Tag dasselbe. Mama bot ihr fast täglich an, zum Abendessen zu bleiben, und ihre Augen leuchteten, während sie sagte: »Ich werde meinen Eltern Bescheid sagen.« Einen Augenblick später kam sie zurück und fiel über das Essen her, als ob sie völlig ausgehungert sei. Meine Mutter sagte:

»Das gibt's doch nicht, die Kleine bekommt offenbar nichts zu essen!«

Ich sagte schon, dass Celia außerordentlich schüchtern war. Wenn sie bei uns war, aß sie viel und sprach wenig. Das war ein merkwürdiger Gegensatz. In der Tat redete sie so wenig, dass ich von einem Moment auf den anderen den Klang ihrer Stimme vergaß. Manchmal fragte ich sie so hartnäckig aus, dass sie mir mit einem richtigen langen Satz antworten musste, nur um mir den Klang ihrer Stimme zu vergegenwärtigen. Ihr Weg war ganz und gar vorgezeichnet, später würde sie einen Rabbiner heiraten.

Celia und ich waren so verschieden, wie es nur möglich war. Aber wir liebten uns zärtlich. Ich glaube, dass uns unsere Gegensätzlichkeit faszinierte. Wir haben später niemals darüber sprechen können, weil es für Celia kein »später« gab.

Da sie selten etwas sagte, hallten ihre Worte lange wider, als hätten sie ein Echo. Im Grunde sagte sie nie irgendetwas nur einfach so dahin. Ich dagegen schon. Das war übrigens mit ein Grund, warum ich schließlich von der Schule ausgeschlossen wurde. Außerdem tat ich nichts, ich konnte mit zehn Jahren nicht einmal richtig polnisch schreiben und störte die Klasse, in dem ich ununterbrochen vor mich hinsang.

An dem Tag, an dem ich mit dem entsprechenden Eintrag der Lehrerin nach Hause kam, zeigte ich das Heft stolz meiner Mutter. Als ob ich es gewesen sei, die die Entscheidung getroffen hatte, gewissermaßen zu »kündigen«. Meine Mutter fing an zu schreien, damit hatte ich in diesem Moment nicht gerechnet. Aber ich habe mich nicht einmal verteidigt. Im Gegenteil, ich stellte mich auf die Seite von Fräulein Weinroth:

»Ich kapiere nichts vom Unterricht, ich halte alle auf, und außerdem singe ich die ganze Zeit, niemand hört, was die Lehrerin sagt …«

Meine Mutter schaute mich an, verblüfft über so viel Kühnheit. Es stimmte. Dieser Gesang, der stets und ständig in mir war, hinderte mich in der Tat daran, alles andere zu hören. Im Übrigen hatte ich keinerlei Lust, es zu versuchen. Ich war glücklich so. Ganz und gar glücklich.

Niemand konnte das verstehen. Für die meisten war ich eine bemitleidenswerte arme Kreatur, die nur sang, sogar ganz allein. Kurz, eine Schwachköpfin. Außer für meinen Vater und meinen Bruder Jakob. Sie hörten mir zu. Manchmal hielt ich absichtlich inne, damit Papa zu mir sagte:

»Weiter, meine Luna!«

Wir befanden uns jedoch im Jahre 1936, und der Krieg lag schon in der Luft. Alle fürchteten sich davor. Man sagte, dass Hitler, wenn er mit seinen großen Stiefeln in Polen einmarschierte, damit beginnen würde, die Juden zu beseitigen. Man sagte auch, dass die Polen keinen Finger rühren würden, um uns zu verteidigen, weil es ihnen gelegen kam, dass die Nazis an ihrer Stelle die Drecksarbeit ausführten. Seit Langem wollten sie, dass wir endlich verschwanden.

Ich ahnte davon nichts. Ich hatte eine polnische Freundin im Schulchor, Tekla, ein dickliches Mädchen, das schon seine Tage hatte und kurze, knielange Röcke trug. Sie hatte keine große Stimme, aber sie war nett und sie sagte mir, dass ich mich durchaus bei ihr verstecken könne, wenn Hitler käme, weil ich wie eine Polin aussähe, blond und mit blauen Augen wie sie. Dass ich Tekla so ähnlich sah, war wahrscheinlich das Einzige, wofür ich mich schämte. Ich empfand Sympathie für sie, doch ich hätte alles dafür gegeben, um mich der Freundschaft Celia Silbersteins zu versichern. Gegenüber Celia mit ihren schwarzen, tiefgründigen Augen, die so dunkelhaarig war, fühlte ich mich immer wie auf dem Prüfstand; ich war immer zu blond, zu oberflächlich, zu laut, zu »polnisch«, nicht »gut«. Alles in allem nicht jüdisch genug.

Mein Vater, Henryk Wilter, war ein kultivierter Mann, der in Deutschland studiert hatte. Er war eine Künstlerseele, hinzu kam eine selbstlose Wesensart. Er verfasste Gedichte und betätigte sich aktiv im Allgemeinen Jüdischen Arbeiterbund. In Wirklichkeit war er für alles begabt und hätte ebenso Musiker wie Dichter oder Mathematiker werden können. In Bonn besuchte er während seines Ingenieurstudiums regelmäßig die Konzerte, und dank seiner Leidenschaft für die Musik passte er sich dem deutschen Studentenmilieu an. Er liebte die Oper, und wenn ich ihn recht verstanden habe, hatte er sich einmal sogar in eine Sängerin verliebt. Wenigstens kam mir dieser Gedanke eines Tages, als ich gewisse Äußerungen von ihm aufschnappte, und der Gedanke, dass er vielleicht ein »früheres Leben« mit einer Sängerin gehabt hatte, war mir außerordentlich romantisch vorgekommen. Er gefiel mir so sehr, dass ich darüber in meinem Umkreis sprach, bis zu dem Tag, als Tekla entsetzt ausrief:

»Hör mal, vielleicht bist du ja deutsch! Bestimmt, schau dich mal an! Du siehst deiner Mutter wirklich nicht ähnlich!«

Ich habe mir wegen meiner Redseligkeit fast die Zungenspitze abgebissen.

Dank seiner vollkommenen Kenntnis der Sprache übersetzte mein Vater die Dichter, die er liebte, vom Deutschen ins Polnische und ins Jiddische. In seiner Jugend hatte die deutsche Kultur eine starke Anziehungskraft auf ihn ausgeübt. Das ging so weit, dass er vorübergehend den Wunsch gehabt hatte, dort sein Leben zu verbringen. Das war vor Hitler. Und dann war er nach Polen zurückgekehrt und hatte meine Mutter geheiratet. Ich wurde geboren.

Von dieser Liebe zur deutschen Kultur hatte er sich etwas bewahrt: Als ich noch ein Kind war und die Ausschreitungen gegen die Juden in Deutschland zunahmen, weigerte sich mein Vater, die Deutschen allgemein zu beschuldigen, wie es meine Mutter tat. Er sprach von den Nazis. Von ihm erfuhr ich in dieser Zeit, dass es in Deutschland selbst Deutsche gab, die keine Nazis waren und die deswegen ebenso verfolgt wurden. Mein Vater sprach insbesondere von einem Professor an der Universität, Doktor Kahle, der Vater eines seiner Studentenfreunde, der Deutschland hatte verlassen müssen, weil er mit Juden befreundet war.

Während seiner Jahre in Bonn war er auch mit einer Musikerfamilie zusammengekommen, den Büchners. Die Mutter, Maria, war Geigerin. Es gab zwei Kinder, Hans und Theresa. Mein Vater gab Theresa, die zwölf Jahre alt war, Mathematikunterricht; als Gegenleistung bekam er, zusätzlich zu einigen Talern, die er sich so verdiente, bei Maria Büchner seine ersten und einzigen Geigenstunden. Er brüstete sich damit, dass er nach einem Jahr so weit war, dass er den Violinpart einer Sonate zusammen mit dem Vater, einem Arzt und guten Pianisten, spielen konnte.

Der Junge war mit zehn Jahren ein Wunderkind auf dem Cello. Er gewann ständig Wettbewerbe, und mein Vater sprach immer noch voller Rührung von der Brahmssonate, die der kleine Hans in einem privaten Konzert, begleitet von einem renommierten Pianisten, gespielt hatte.

Auf jeden Fall erwähnte er die Zeit nie ohne eine gewisse Besorgtheit in seiner Stimme. Er hatte nicht die leiseste Ahnung, wie es dieser Familie, die wie die Kahles der Ideologie der Nazis zutiefst ablehnend gegenüberstand, ergangen war.

Das Wesen meines Vaters war so reich an Qualitäten und an Sehnsüchten, dass ein einziges Wort nicht ausreichen würde, es zu beschreiben – poetisch, musikalisch, neugierig, unabhängig. Eine berufliche »Karriere«, die ihn völlig in Beschlag nahm, hätte ihn auf einen zu engen Radius beschränkt, so gab er jeden gesellschaftlichen Ehrgeiz auf und entschied sich freiwillig dafür, mit einunddreißig Jahren zusammen mit drei Freunden, die wie er verrückt nach Poesie waren, eine bescheidene Druckerei in einem kleinen Hinterhof aufzumachen. Auf diese Weise bliebe ihm »Zeit für den Geist«, wie er sagte. Sie publizierten Poesie und philosophische Essays auf Jiddisch und Polnisch als Privatdrucke. Sehr schnell vergrößerte sich der Kreis der Poesieliebhaber, und kurz vor dem Krieg konnten wir ganz ordentlich von seinen literarischen Aktivitäten leben.

Mit meiner Mutter war es anders. Sie war die Tochter eines Rabbiners und hatte das jüdische Viertel Warschaus nie verlassen. Sie war ein klarer Geist, der meinen Vater durch seine Frische bezaubert hatte, aber ihre Welt verlief nach sehr strengen Lebensregeln, denen er sich nie freiwillig beugte.

Das Seltsamste war, dass er trotz allem in Shoshana verliebt blieb. Bei meiner Mutter habe ich das nie wahrgenommen. Wahrscheinlich war er mit dem unveränderbaren Rahmen ihres Lebens verschmolzen, und nie habe ich bei ihr diese Erregung gespürt, die ich im Gesicht meines Vaters aufsteigen sah, wenn sich Shoshana für den Shabbatabend schön machte. Manchmal entschlüpfte ihm eine zärtliche Geste, er streifte ihre Taille, berührte eine Falte ihres Kleides. Aber sie warf ihm einen strengen Blick zu und verschwand. Und ich erzitterte im Einklang mit den Gefühlen meines Vaters, ich litt mit ihm, wenn er keinerlei verliebte Koketterie seitens meiner Mutter zu spüren bekam.

Mama hatte eine sehr genaue Vorstellung von dem, was gut und was schlecht war. Die Welt war ganz klar in zwei Gruppen geteilt: die Juden – gut – und die anderen – schlecht, ungefähr so. Die anderen waren natürlich die Polen. Und dann die Russen, die sich Polen mit den Preußen geteilt hatten und die uns nicht besser behandelten als die Polen. Und nun die Nazis.

Für mich lag die Sache komplizierter. Da ich mich gleichzeitig

wie jemand fühlte, der sehr gut und sehr schlecht war, dachte
ich, dass die meisten Leute genauso ambivalent seien wie ich. Im
Grunde empfand ich alle, die annahmen, sie hätten die Wahrheit
gepachtet, als scheinheilig. Gleichzeitig beneidete ich sie. Dies war
doch eindeutig bequemer, als nie zu wissen, auf welcher Seite man
stand. Wenn ich mich vor meinem Vater dieser Art von Grübeleien hingab, schaute er mich zuerst tadelnd an, dann seufzte er
und sagte:
»Meine arme Luna, du wirst kein leichtes Leben haben …«
Ich wusste, dass er mich verstand, weil er mich am Ende immer
bat, etwas für ihn zu singen.
Normalerweise vertraute ich diese Überlegungen nur meinem
Vater an, doch eines Tages hatte ich es gewagt, meine seltsamen
Fragestellungen Celia mitzuteilen. Sie hatte mich mit großen, erstaunten Augen angeschaut und zu mir gesagt:
»So lange du so bist, bist du in den Augen Gottes nur ein Tier.«
Was mich dann vor allem beschäftigte, war, dass ich gern gewusst
hätte, ob ich in den Augen Celias, die ich beneidete und bewun-
derte, auch ein Tier war. Ich traute mich nicht, sie danach zu fragen.
Ich beneidete Celia fraglos um ihren Glauben. Ich dachte, dass ihr
dieser Glaube dunkle und glänzende Augen verlieh. Manchmal war
ich meinen Eltern böse, dass sie mir keinen Unterricht darin erteilt
hatten. Ich hatte die blauen Augen von meinem Vater. Wenn ich
es ihm vorwarf, lachte er. Er sagte mir, dass der Glaube vielleicht
eines Tages kommen würde und ich mich deswegen nicht sorgen
solle. Mir machte es aber große Sorgen. Intuitiv spürte ich, dass
es so etwas wie die Muttermilch war, dass es danach zu spät sein
würde. Manchmal konzentrierte ich mich sehr, um Gott zu spüren. Ich konnte noch so sehr meinen ganzen Körper anspannen, es
gelang mir nicht. Dann erlebte ich Augenblicke großer Angst. Ich

hatte Albträume. Zum Glück gab es das Singen. Mein Glaube war die Stimme. Wenn ich sang, hatte ich keine Angst mehr.

Beim Musikmachen erlebte ich die einzigen Momente, in denen mich mein »Anderssein« nicht quälte. Denn wenn ich sang, war es, als ob ein anderer in mir sei. Manchmal sagte ich mir, dass es Gott sei. Niemand wusste es, aber in Wirklichkeit war ich ein Engel des Himmels. Doch eines Tages würde man es erfahren und mich verehren. Sogar Celia.

Dennoch trieben mich diese Gedanken weiter um. Mit dem Aufkommen des Nationalsozialismus wurden sie zur Obsession: Ich begriff nicht, dass ein ganzes Volk schlecht und ein anderes gut sein konnte. Obwohl ich bei meinen Kinderspielen ebenfalls geglaubt hatte, dass auf der einen Seite die Guten waren und die Schlechten auf der anderen. Aber doch nicht ein ganzes Volk. Ich dachte: »Sehr gut, nehmen wir an, dass alle Guten auf einer Seite sind, zum Beispiel zu meiner Linken, und alle Schlechten zu meiner Rechten. Es genügt, dass ich mich nur drei Sekunden umwende, sodass ein Guter auf die Seite der Schlechten wechselt und umgekehrt. Und man könnte dann nicht mehr sagen, dass die ganze linke Seite gut und die ganze rechte Seite schlecht wäre.« Ich zerbrach mir ganze Abende lang in der Dunkelheit meines Zimmers den Kopf. Die Sache quälte mich so sehr, dass ich nicht schlafen konnte.

Manchmal vertrieb ich mir in meinem Bett die Zeit damit, mir vorzustellen, dass Hitler in Wahrheit sehr freundlich sei und die Juden sich zwangsläufig etwas vorzuwerfen hätten. Ich war zehn Jahre alt, es war 1936, und es gab in Deutschland schon Pogrome gegen die Juden. Über das Thema wurde bei uns häufig gesprochen.

Natürlich sprach ich mit niemandem über diese Gedanken, außer von Zeit zu Zeit abends mit Jakob. Er war acht Jahre alt und wollte nie der Böse sein. Er schlief in seinem Bett, das neben meinem stand, ein. Ich rief:

»Jakob ... Wenn wir Hitler spielen und dass er freundlich ist, würdest du bitte Hitler sein?«

Er drehte sich brummend um:

»Du bist verrückt ... Mach das Licht aus!«

Ich machte das Licht nicht aus. Wenn ich nachdachte, fixierte ich dabei gern ein Bild auf der Wand. Es war eine Tapete mit Affen, die sich bis ins Unendliche verfolgten, ich fixierte einen von ihnen, und es war mir, als ob meine Gedanken unermessliche Macht hätten. Man durfte sich nur nicht bewegen. Ohne ihn anzuschauen, rief ich wieder:

»Antworte mir!«

»Hör auf, die Wand anzusehen, wenn du mit mir sprichst! Das geht einem auf die Nerven!«

»Dann gib Antwort!«

»Wieso soll ich Hitler spielen, er ist ein böser Mensch, der alle Juden töten will.«

»Ja, ich weiß. Aber im Spiel ist es das Gegenteil, die Juden sind böse und Hitler freundlich ... verstehst du? Bitte!«

Jakob dachte sehr logisch. Er überlegte einen Augenblick lang.

»Wenn ich dir antworte, machst du danach das Licht aus?«

»Ja, versprochen.«

»Nun, wenn er nett wäre, würde ich es gern tun. Aber dein Spiel werde ich nie mitspielen, weil es verrückt ist ... Ich schlafe jetzt.«

Ich knipste ratlos das Licht aus.

Ich hatte großes Vertrauen zu Jakob.

An meinem elften Geburtstag nahm mich mein Vater mit ins Konzert. Es wurden Beethoven und Brahms gespielt, unter anderem die besagte Sonate für Klavier und Violoncello. Der Cellist hieß Hans Büchner. Mein Vater war glücklich wie ein Kind. Es war für ihn das schönste Geschenk, das er mir machen konnte, diese

Sonate, die er einst von einem zehn Jahre alten Wunderkind hatte spielen hören und die in sein Gedächtnis eingebrannt war. Das Konzert war sicher sehr schön, ich erinnere mich nicht mehr an die Musik. Alles wurde von der Scham weggefegt, die ich empfand, als mein Vater mich, nachdem der Vorhang gefallen war, mit in die Loge zog, um den Künstler zu begrüßen. Ich weigerte mich ganz einfach. Er wurde böse, zog an mir, und wir stritten heftig in den Kulissen. Er war jedoch tausend Mal stärker als ich und absolut entschlossen. Ich fand mich halbtot vor Scham und Schüchternheit in der Loge des Cellisten wieder. Dort war eine kleine Menschenansammlung, durch die sich mein Vater mit Mühe einen Weg bahnte, zudem zog ich ihn mit all meinen Kräften in die entgegengesetzte Richtung. Dennoch gelang es ihm, dem jungen Mann zu gratulieren, der vollkommen woanders zu sein schien. Er schob mich, das kleine wütende und mürrische Mädchen, vor ihn hin.

»Hans! Ich bin so glücklich! Erinnerst du dich: Bonn, deine Schwester Theresa ... Das ist meine Tochter Lula, sie singt und spielt Geige ...«

Der Cellist schenkte uns zerstreut Beachtung, er wurde bereits von anderen in Anspruch genommen, ich ergriff die Flucht und rannte weg, wobei ich die begeisterten Wartenden beiseite stieß. Mein Vater war sehr verärgert. Auf der Straße bekam ich den Mund nicht auf, und lange behielt ich diesen Geburtstag, dieses Konzert in demütigender Erinnerung.

Eines Abends, als wir zu Tisch saßen, stellte ich ganz unverblümt die Frage, die mir auf den Lippen brannte. Es war das Jahr 1937, und man sprach nur noch von der Bedrohung, die über den Juden Europas schwebte, falls die Deutschen in den Krieg einträten. Plötzlich fragte ich:

»Es ist doch nicht möglich, dass alle Deutschen böse geworden sind, nur weil es Hitler gibt.«
Mein Mutter antwortete streng:
»Es ist so ...«
Mein Vater seufzte:
»Ich glaube, dass nicht alle Deutschen Nazis sind ...«
Ich gab mich nicht zufrieden:
»Ja, aber wie kommt es, dass sie auf einmal solche Monster geworden sind. Es muss doch zwangsläufig einen unter ihnen geben, der nicht wie alle anderen denkt ...«
»Du bist anstrengend, Luna, du solltest doch wissen, auf welcher Seite das Gute und auf welcher das Böse ist!«
Mein Vater lächelte. Es machte ihm Spaß, meine Mutter zu necken, und er benutzte mich für diesen Zweck.
»Das ist ihre kleine christliche Ader, Shoshele, die hat sie von meiner Mutter. Luna glaubt an die Erlösung durch den Messias der Christen. Aber ich glaube, dass ihr Messias die Musik ist. Wenn man wie Luna singt, kann man zweifellos an das Gute im Menschen glauben.«
Meine Mutter fand diese Scherze alles andere als lustig.

Wir lebten in einer gutbürgerlichen Wohnung, sie war nicht sehr groß, drei Zimmer und eine Küche hintereinander, aber sie lag in einer schönen Straße, der Siena-Straße. Es war für meine Mutter sehr wichtig, in einem schönen Viertel zu wohnen. Für sie, die als kleines Mädchen in einem einfachen Viertel gelebt hatte, spielte der soziale Aufstieg eine wichtige Rolle. Für meinen Vater überhaupt nicht. Er hatte nicht die Mittel, ihr das Leben zu ermöglichen, das sie sich wünschte, aber er war in sie verliebt und tat alles, was er konnte, um ihr eine Freude zu machen. In unserer Wohnung gab es einen Salon, einige sorgfältig von meiner Mutter gepflegte

Möbel und sogar einen Teppich, den sie jede Woche energisch am Fenster ausklopfte. Wir hielten uns nie im Salon auf, außer wenn wir Gäste hatten, die sich im Allgemeinen selbst einluden, zu unmöglichen Zeiten, wenn wir gerade mit dem Abendessen fertig waren, oder noch viel später, was meine Mutter in Wut brachte, obwohl sie sich davon nichts anmerken ließ. Es klopfte. Mein Vater erhob sich mit gespielt gelangweilter Miene, um die Tür zu öffnen. Meine Mutter beeilte sich, die Hussen von den zwei Sesseln im Salon abzunehmen. Mein Bruder und ich gaben uns ganz glücklich gegenseitig Ellenbogenstöße. Die Tür öffnete sich, es gab freudige und überraschte Ausrufe, Menschen traten ein, die wir manchmal nicht kannten. Meine Mutter verschwand in der Küche und brachte wortlos den Rest der dampfenden Suppe herein, die sie gerade verlängert und wieder warm gemacht hatte. Man unterhielt sich, und es wurde geraucht. Jakob und ich machten uns in einem Winkel ganz klein, in der Hoffnung, dass man uns vergaß.

Fast jede Woche gab es bei uns diese »Versammlungen«. In ihnen wurde eine Welt wiederhergestellt, die tagtäglich beim Lesen der Zeitungen und dem Hören der Nachrichten zerfiel. Der Lärm der Stiefel an den Toren Polens wurde stärker, und der Antisemitismus verbreitete sich wie ein Flächenbrand über Europa. Viele Freunde flohen nach Westen, vor allem nach Frankreich. Mein Vater wollte nie weggehen. Er sagte, dass es in Frankreich unter Léon Blum ein Wiederaufleben der antijüdischen Stimmung gäbe, und dass es dort nicht besser sei als hier. Vor allem hielt er nichts von Flucht. Stattdessen glaubte er an den sozialistischen Kampf und an die Vereinigung aller gegen den Faschismus. Fortgehen oder nicht fortgehen? Das war ein unerschöpfliches Diskussionsthema im Verlauf dieser belebten Abende in der Wohnung, wobei mir entging, was da wirklich auf dem Spiel stand.

Jakob und ich verbargen uns immer mehr in den Falten des Vorhangs, bis wir den Augen der Erwachsenen ganz und gar entschwanden. Oft brachte jemand eine Geige oder ein Akkordeon mit. Und so wurde schließlich immer irgendwann Musik gemacht, und ich wartete in einer Mischung aus Ungeduld und Furcht auf den Augenblick, in dem mich mein Vater, der die ärgerlichen Blicke meiner Mutter ignorierte, mit den Augen suchte und rief:

»Luna! Singst du uns etwas?«

Ich sollte eigentlich schon längst im Bett liegen, meine Mutter wandte sich Jakob zu, dessen Versteck entdeckt war. Ich erhob mich hoheitsvoll, und brachte meine Kleider in Ordnung. Ich errötete wie eine Pfingstrose, während alle in die Hände klatschten und meinen Namen skandierten:

»Luna! Luna!« Aber tief in mir war ich berauscht vor Glück und zitterte, während mir wohlige Schauer über Beine und Bauch liefen. Sofort hatte ich die Melodie im Kopf, ich wusste genau, was ich singen wollte, noch ehe Papa mich rief. Doch ich tat so, als ob ich nachdachte und verlegen sei, um diesen köstlichen Moment hinauszuzögern. Und dann stürzte ich mich in den Gesang, wie man sich in klares Wasser wirft. Nun dachte ich nicht mehr an die Menschen, die mich umgaben. Dieses Glück war von anderer Art, reiner, einsamer. Ich verweilte bei den Liedern, die ich liebte, und genoss mit geschlossenen Augen das Verklingen meiner Stimme am Ende der Phrasen, die samtene Stille, die darauf folgte. Ich war verärgert, wenn der Applaus losbrach. Der Zauber war verflogen. Missmutig ging ich zurück in mein Zimmer, obwohl ich einen Augenblick zuvor noch im Himmel gewesen war. Jakob wartete mit glänzenden Augen auf mich:

»Du warst großartig, Luna!«

Ich zuckte mit den Schultern, kleidete mich mit trübsinniger Miene aus. Jakobs Bewunderung gefiel mir und machte mich wütend.

»Du sagst immer dasselbe, irgendwann nervt es schließlich …«

»Aber es ist wahr, Luna, du hast doch gehört, wie sie Beifall geklatscht haben!«

Wir machten das Licht aus. Jakob schlief sofort ein. Ich dagegen blieb mit offenen Augen liegen und träumte von erleuchteten Bühnen und göttlichen Liedern. Ich sah im Orchestergraben zu meinen Füßen die erhobenen Geigenbogen, erwartungsvoll, gleichsam mit angehaltenem Atem, bis der letzte Nachhall meiner Stimme über der mächtigen Stille des Orchesters verklungen sein würde.

Wir besaßen einen Plattenspieler, damals etwas Außergewöhnliches. Er war zusammen mit der Geige der einzige Besitz meines Vaters. Monatelang hatte er gespart, um ihn, zusammen mit einigen Schallplatten, einem Freund abzukaufen. Wenn er abends von der Druckerei nach Hause kam, öffnete er ihn vorsichtig, legte eine seiner bevorzugten Platten auf, *Carmen* von Bizet oder Louis Armstrong oder die Lieder von Schubert oder auch Brahms, den er verehrte. Jakob und ich schauten ihm zu, wie er mit Sorgfalt die Nadel auf die schwarze Platte setzte. Dann sank er in den Sessel aus grauem Samt und schloss die Augen. Ich setzte mich nun auf die Lehne und sang zu der Platte. Ich sang, egal ob Carmen auf Französisch, Gospels auf Englisch oder Schubert auf Deutsch, wobei ich alle diese Sprachen, die ich nicht kannte und von denen ich natürlich nicht ein einziges Wort verstand, furchtbar verzerrte. Manchmal übersetzte mein Vater sie mir. So unterbrach er mich eines Tages, als ich mit dem Sopran auf der Platte den *Erlkönig* von Schubert mitträllerte:

»Nun, Luna, du solltest doch wissen, was du da sagst.«

Er erzählte mir daraufhin die Geschichte des kleinen Kindes, das in den Armen seines Vaters von einem todbringenden Geist entführt wird. Er schloss damit:

»Es ist ein tragisches Lied, furchtbar, aber wunderschön.«

Dennoch schien es mir beim Singen nicht traurig, weil das Kind in den Armen seines Vaters lag, und es war, als ob es schliefe. Mein Vater liebte die Lieder von Schubert und besonders dieses. Jedes Mal, wenn wir es hörten, traten ihm die Tränen in die Augen, am Ende bei der Stelle: »*In seinen Armen das Kind war tot.*«. Ich neckte ihn immer wieder wegen seiner Tränen. Mama kam vorbei und seufzte.

»Oh! Diese beiden …«, sagte sie und schüttelte leicht den Kopf.

Mein Vater war ein großer Mann. Mochte er auch ein noch so kleiner Verleger sein, er war ein großer Denker und ein großer Genießer. Alle wussten es bei uns. Im Wohnblock genoss er Respekt. Selbst Celias Vater, der Rabbiner Eisenstajn mit seinem langen Bart und seinen Schläfenlocken, nickte mit seinem ausgezehrten Kopf, wenn er meinen Vater auf der Treppe traf, obwohl er keinen Bart und keine Schläfenlocken trug. Ich wusste, dass sogar er meinen Vater respektierte. Das war etwas typisch Jüdisches, schon als ich noch ganz klein war, sagte ich mir das: Bei den Juden respektiert man sich gegenseitig unter denen, die denken.

Das andere, was wir Juden – außer unserem Gott, doch dessen war ich mir nicht einmal sicher – gemeinsam hatten, war, dass wir kein Land hatten. Das störte einige. Es waren die Zionisten. Sie sagten, dass Palästina ihnen von den Arabern vor zweitausend Jahren geraubt worden sei und dass man nach Palästina zurückkehren müsse. Ich hatte überhaupt keine Lust dorthin zu gehen. Es war weit weg, es war heiß, man aß dort schlecht. Und dann war ich doch Polin. Meine Mutter mochte es nicht besonders, dass ich das sagte. Meinem Vater war es gleich.

Oft dachte ich, dass ich eine seltsame Jüdin war. Ich hatte einen polnischen Vornamen, weil mein Vater diesen Namen liebte, und einen Spitznamen, der alles andere als jiddisch war. Luna, das klang christlich, lateinisch, italienisch, was weiß ich? Meine Mutter rief mich wohl manchmal Lulele, aber schon immer hatte mich das in schlechte Laune versetzt, es war, wie wenn sie sich damit gegen Papa stellte, gegen die Musik. Wie eine falsche Note.

Ich hatte bei meinen Eltern darauf bestanden, auf die polnische Schule zu gehen, die zwei Straßen von uns entfernt lag und in die meine Freundin Tekla ging. Mit ihr zusammen ging ich auch in den Chor, und dort war ich die einzige Jüdin. Mein Vater hatte nichts dagegen. Meine Mutter sah es sehr ungern. Der einzige Punkt, in dem sie niemals nachgab, war die Weihnachtszeit, in der man die christlichen Lieder lernte. Von Mitte November an war ich verzweifelt, aber es war nichts zu machen. Bis Anfang Januar durfte ich nicht zum Chor gehen.

Als ich zwölf Jahre alt war, sagte meine Musiklehrerin zu meinem Vater, dass ich mich bei der Aufnahmeprüfung für den Rundfunkchor in Warschau vorstellen sollte, für die sie Tekla ebenfalls vorbereitete. Meine Mutter sträubte sich anfänglich dagegen, doch ich sang, von meinem Vater angetrieben, heimlich dennoch vor und wurde einstimmig von der Jury angenommen. Meine Mutter konnte nur noch nachgeben.

Im September 1938 bin ich also in die Gesangsklasse von Frau Panfiska eingetreten. Sie war eine ehemalige Sängerin in einem gewissen Alter, die ihren Ruhm auf der Bühne gefeiert und in Wien Gesang studiert hatte. Frau Panfiska lebte unablässig in dieser bedeutenden Zeit, als sie unter der Leitung Gustav Mahlers gesungen hatte. Sie schwärmte für meine Stimme, und ich war stolz darauf. Sie sagte zu mir, dass ich auch eines Tages in Wien arbeiten könne. Dieser Gedanke ließ mich nicht mehr los, obgleich ich ein Vorgefühl hatte, dass das für mich sicher nicht so einfach werden würde.

Als ich an diesem Abend nach Hause kam, zögerte ich bis zum

Ende der Mahlzeit, ehe ich die gute Nachricht verkündete. Beim Nachtisch sprudelte es dann plötzlich aus mir heraus:
»Papa, bald werde ich in Wien Gesang studieren.«
Ich glaubte, er würde ersticken. Obwohl er Sinn für Humor hatte, war dies zu viel.
»Luna, du bist doch Jüdin.«
Ich schaute ihn verständnislos an.
»Du hast nicht viel Ahnung von Politik, aber du hast doch von dem Anschluss Österreichs gehört ... Hitler, die Judenverfolgungen, das alles sind keine Märchen für Kinder. Österreich ist ein national-sozialistisches Land. Es kommt überhaupt nicht in Frage, dass du nach Wien gehst! Weiß die Panfiska eigentlich, was sie dir da sagt?«
»*Frau* Panfiska.«
Ich fühlte mich wütend und aufgebracht. Wütend darüber, dass die Pläne, die mir am meisten am Herzen lagen, durchkreuzt wurden und über meinen Vater, der meine über alles geliebte Lehrerin in-frage stellte. Aufgebracht über das, was mir zum ersten Mal wie ein Zeichen der Verfolgung vorkam.
Bei der nächsten Unterrichtsstunde kam ich nicht auf das Thema zu sprechen, aber ich glaube, dass Frau Panfiska klar geworden war, dass ihr eine Ungeschicklichkeit unterlaufen war, denn sie sprach nie mehr mit mir darüber.
Sie machte mir jedes Mal Komplimente bezüglich meiner Stimme, und dann verspürte ich eine innige Freude. Sie sagte mir, dass ich ein natürliches Vibrato hätte, wie bei einer richtigen jungen Frau. Noch etwas, das mich von meinen Kameradinnen mit den schwarzen Augen und dem matten Teint unterschied. Ich war ein Mädchen aus dem Norden. Mit bald dreizehn Jahren hatte ich im-mer noch nicht meine Regel. Doch ich sang, und meine Stimme vibrierte wie die einer jungen Frau.
An einem Sommertag im Jahre 1939 sind wir zu meiner Groß-

mutter, der Mutter meines Vaters, nach Otwock gefahren. Es war sehr heiß, und Großmutter Ewa hatte ein Haus mit einem großen Garten. Wir besuchten sie nicht oft, da meine Mutter sich mit meiner Großmutter nicht verstand. Die Mahlzeiten endeten immer im Streit. Großmutter Ewa verkörperte alles, was meine Mutter nicht ertrug: eine zu persönliche Moral, eine zu große Freiheit des Wortes, zweifellos eine zu große Gedankenfreiheit. Dennoch war ich meiner Mutter nie böse. Sie war einfach so.

In jenem Sommer war meine Mutter schwanger. Nach dem Mittagessen spielte ich Dame mit Jakob, als ich erregte Ausrufe in der Küche vernahm. Meine Mutter schrie mit hoher Stimme: »Du hast nicht das Recht, mir das zu sagen! Wenn es ein Junge ist, wird er natürlich beschnitten!«

Und ich hörte, wie meine Großmutter mit lauter Stimme sagte: »Und wenn die Nazis kommen, werden sie ihm die Hose runterziehen und ihn töten; ist es das, was du willst?«

Meine Mutter fing an zu weinen, und ziemlich schnell sind wir dann aufgebrochen. Ich war sehr verstört. Die Heftigkeit meiner Großmutter und die Tränen meiner Mutter hatten in mir das Vorgefühl eines unmittelbar bevorstehenden Unglücks geweckt.

Großmutter Ewa war Polin, ihr Mädchenname war Ewa Prokowska, und sie stammte aus einer großen katholischen Familie. Doch niemand sprach darüber, weil sie aus Liebe zum Judentum übergetreten war. Das war eine schöne Geschichte, die mir gefiel.

Sie war in einem Haus mit einer Köchin und einem Dienstmädchen aufgewachsen. Ihre Eltern hatten ihr ihre Heirat mit einem Juden nie verziehen, doch sie waren kurze Zeit später gestorben, und sie hatte nie auch nur das geringste Bedauern oder Reue verspürt. »Man ärgert sich schon genug im Leben. Wenn man sich auch noch damit belasten soll, was die Toten denken!«, sagte sie.

Meine Mutter war sehr schockiert. Sie wäre nie konvertiert, hätte niemals irgendetwas gegen den Willen ihrer Eltern getan, und sie sprach von den Toten mit leiser Stimme.

Das Judentum meiner Großmutter war von besonderer Natur. Sie lernte koscher zu kochen, aber sie hörte nie auf, »Lieber Herr Jesus!« zu rufen, wenn sie entrüstet oder gerührt war. Dolek, mein Großvater, war gläubig und ertrug es nicht zu hören, dass seine Religion schlecht gemacht wurde. Sie hatten heftige Auseinandersetzungen, die von beiden Seiten voll zärtlicher Boshaftigkeit war, und in deren Verlauf mit großem Geschrei theologische Diskussionen auf höchstem Niveau geführt wurden, die schließlich immer wieder mit Großmutter Ewas Folgerung endeten:

»Dolek, du nervst mich mit deinem kommendem Messias, ich habe schon meinen eigenen, und außerdem war er Jude. Was willst du mehr?«

Großvater Dolek brummte:

»Hmm! Dieser Jude da …!«

Und damit war die Sache erledigt.

Großmutter Ewa bereitete auf bewundernswerte Weise gefüllten Karpfen zu, und ich liebte es, mit ihr auf den Markt zu gehen, um Karpfen und Hechte zu holen, die in den großen Wannen das Wasser peitschten. Sie nahm die dicken Fische bei den Kiemen, um sie genauestens zu prüfen, und ich fand sie grausam. Doch die Geste, die mich im Moment überraschte, schien mir später vielmehr von einem geheimnisvollen Wissen um das Leben zu zeugen, von dem, was echt und gut war. Dieses Geheimnis besaß Großmutter Ewa im höchsten Maße.

Sie sprach Jiddisch mit stark polnischem Akzent, den sie nie loszuwerden versucht hatte. Doch sie sang wunderbar auf Jiddisch, auf Polnisch und sogar auf Deutsch, und sie flüsterte mir ins Ohr, dass Jiddisch keine Sprache zum Singen sei, und das Polnisch und

Deutsch sich sehr viel besser eigneten. Ich wusste, dass sie unrecht hatte, es gab wunderbare jiddische Lieder, die mir die Tränen in die Augen trieben. Und ich starb vor Scham, wenn sie mir solche Dinge vor anderen Leuten, zum Beispiel meiner Mutter, die sie liebend gern wütend machte, ins Ohr flüsterte. Dann richtete sie sich auf und zwinkerte mir zu.

»Du wirst sehen, Luna, es ist sehr kompliziert mit den Polen, den Juden, den Deutschen – sie sagte »den Preußen« –, viel komplizierter als man sagt. Viel, viel komplizierter.«

Großmutter Ewa war immer guter Laune. Sie wäre gern Opernsängerin geworden, als sie jung war, doch sie hatte es sicher aufgegeben, weil sie Dolek, diesen Schlawiner, getroffen hatte. Sie besaß noch immer eine hübsche Stimme, ein wenig unsicher, doch ganz erfüllt von einer entrückten Tongebung. Sie hatte vor allem ein märchenhaftes Repertoire an Volksliedern, Wiegenliedern und Melodien. Meine Kindheit wurde von dem Gesang meiner Großmutter erhellt.

Nach dem Zwischenfall in Otwock ging alles ganz schnell. Die Dinge verwirren sich in meiner Erinnerung. Im August wurde ich von dem Rundfunkchor als Solistin ausgewählt, um im Oktober das *Stabat mater* von Pergolesi zu singen. Ich verbrachte diese letzten Sommerwochen in einer Art Rausch. Meine Mutter verlor ihr Baby. Das Konzert hat nie stattgefunden. Als die Schule wieder anfing, brach der Krieg aus.

DAS GHETTO

Die Deutschen sind im September 1939 in Warschau einmarschiert. Ich war fast vierzehn Jahre alt. Ich hörte die erste Explosion während einer Gesangsstunde. Alle Fenster in dem Wohnhaus flogen mit einem Knall davon. Frau Panfiska begleitete mich gerade am Klavier und hörte plötzlich auf. Sie ließ ihre Hände auf den Tasten liegen, rührte sich nicht und genau in diesem Moment fiel der vordere Teil des Klaviers auf ihre Knie. Ich konnte mir das Lachen nicht verkneifen. In der Ferne sahen wir einen Wohnblock brennen, auf den eine Bombe gefallen war. Das war meine letzte Gesangsstunde.

Die folgenden Tage haben wir im Keller verbracht. Über Warschau ging ein sintflutartiger Feuerregen nieder. Es gab unablässig Explosionen, und ich hatte große Angst.

Viele Juden flohen aus der Stadt. Im Prinzip die Reichsten oder diejenigen, die Familie im Ausland hatten. Für uns kam das nicht infrage. Mein Vater wusste, dass die Ankunft der Deutschen den Beginn der Katastrophe bedeutete, aber für meine Mutter wäre allein schon die Flucht aus Warschau, wo sie geboren worden war, ein Desaster gewesen, das alles übertraf, was sie sich vorstellen konnte.

Das Warten begann. Es war ein Warten, das uns nicht mehr loslassen sollte, ein Warten, das uns an Ort und Stelle fesselte. Sollte man weggehen? Sollte man bleiben? Man wusste es nicht. Sollte man allen Befehlen gehorchen, die fortlaufend auf uns niederprasselten? Sollte man sie nicht vielmehr ignorieren? Die Meinungen waren geteilt. Sollte man den Bürgersteig verlassen, wenn man einen Deutschen sah, keine Cafés mehr besuchen, nicht mehr durch einen öffentlichen Park gehen, kein Brot mehr backen? Würde es schlimmer werden, oder würden sich die Dinge einpendeln, wie einige meinten? Man musste geduldig sein. Sollte man akzeptieren, dass man kein Geld mehr bei sich hatte, sich nicht mehr von einem »arischen« Arzt behandeln lassen konnte, keinen Schmuck mehr tragen, die Straßenbahn nicht mehr benutzen, keinen »arischen« Laden mehr betreten durfte? Niemand konnte es sagen. Man musste abwarten. Durch das Warten fühlten wir Juden uns wie gelähmt. Diejenigen, die gerettet wurden, sind die, die nicht gewartet haben.

In dieser Sintflut von Verboten war das einzige, das mir zusagte, das Schulverbot für die jüdischen Kinder. Doch ich hatte nicht das Vergnügen, es zu genießen.

Von einem bestimmten Herbsttag an hatten wir nicht mehr das Recht, aus dem Haus zu gehen, ohne eine weiße Armbinde mit einem blauen Davidsstern zu tragen, sonst drohten harte Strafen, Bußgeld, ja der Tod. Ich sah überhaupt keine Notwendigkeit, diese dumme Armbinde anzulegen, es stand uns doch nicht auf der Stirn geschrieben, dass wir Juden waren!

»Auf deiner vielleicht nicht«, sagte Papa zu mir. »Aber auf der von Celia Eisenstajn schon.«

Dieses Mal beließ Papa es bei dieser lakonischen Erklärung. In den darauffolgenden Tagen vertiefte ich mich in das Studium von Celias Gesicht. Ihre sehr hohe Stirn, diese wehende Haarmasse, die ihr Gesicht einrahmte, ihr kohlrabenschwarzes Kraushaar, um das ich sie so sehr beneidete. Das war es also, was das Tragen der Armbinde unumgänglich machte? Das konnte so schreckliche Dinge nach sich ziehen? Es fiel mir schwer, es zu glauben.

Kurze Zeit darauf wurde einem Freund meines Vaters von der

deutschen Polizei mitten auf der Straße die Nase durch einen Kolbenhieb gebrochen, weil er seine Armbinde nicht sichtbar auf dem linken Arm getragen hatte. Der Anblick von Yizhaks Gesicht war ein Schock für mich. Nachdem er weggegangen war, fragte ich von Neuem:

»Aber woher haben sie gewusst, dass er ein Jude ist?«

»Nun, Luna, merk dir, dass Yizhak ein typisch jüdisches Gesicht hat, dasselbe wie Celia, dasselbe wie … nun … eben eines, das die Deutschen hassen: schwarze Haare und Augenbrauen, markante Züge, gebogene Nase, dunkle Augen …«

Papa sagte all das monoton dahin, als ob er eine Lektion rezitierte. Ich war verblüfft . Ich betrachtete nacheinander meinen Vater, den Inbegriff natürlicher Kraft, mit den breiten Zügen, dem genussfreudigen und fröhlichen Mund, und meine kleine Mutter mit ihren schwarzen lockigen Haaren. Ich war in widersprüchliche Gedanken versunken, als mein Vater fortfuhr:

»Ja, Luna, Mama ist der vollkommene ›jüdische Typ‹, diese wunderbare Schönheit, in die ich mich sofort verliebt habe, als ich sie zum ersten Mal sah. Und Jakob hat diese Schönheit geerbt …«

Ich betrachtete meinen Bruder leicht eifersüchtig und zugleich ein wenig verängstigt. Mein Vater muss es bemerkt haben, denn er setzte lachend hinzu:

»Sorge dich nicht, meine Luna, du bist auch nicht schlecht dran: Du hast die blonde Schönheit deiner polnischen Großmutter geerbt. Das ist doch einiges, findest du nicht? Aber auf Jakob werden später die Mädchen nur so fliegen!«

Wir lachten und Jakob warf sich in die Brust. Als er das Zimmer verließ, sagte Papa zu uns:

»Von heute an sind Mama und Jakob auf der Straße in Gefahr, mehr als du und ich, Luna.«

Es genügte also, dunkelhaarig zu sein, schwarze Augen wie Jakob zu haben, und schon war man in Gefahr. Und ich, seine Schwester, die dieselben Eltern hatte, ich war nicht gefährdet? Das überstieg mein Fassungsvermögen. Und dennoch nahm meine alte Frage nach dem Guten und dem Bösen zum ersten Mal Gestalt an. Allerdings auf eine seltsame Art und Weise. Eine Art und Weise, die alles andere als geeignet war, mich in meinen kindlichen Grübeleien zu trösten, und die alle meine Sicherheiten über den Haufen warf. Von nun an legte Mama uns fieberhaft die Armbinde am linken Arm an der vorgeschriebenen Stelle oberhalb des Ellenbogens an, wenn wir hinausgingen. Papa schimpfte:

»Da haben wir's! Gebrandmarkt wie die Schafe!«

Mama wollte ihn beruhigen:

«Henryk! Es ist doch nur eine Armbinde mit einem Stern …«

Ein Jahr verging. Im Oktober 1940 sahen wir mit Sorge dem ersten Schnee entgegen. Den Polen war es untersagt, mit Juden Handel zu treiben, und so wurde es schwierig, Kohle zum Heizen zu kaufen. Und wenn meine Mutter vom Markt zurückkam, verkündete sie ein um das andere Mal, dass der oder jener Obst- und Gemüsehändler, Slonim oder Rochele oder Reyzl nicht mehr da sei, und dass sie keinen Fisch, kein Fleisch oder kein Weißbrot bekommen habe.

An einem Herbsttag, als sich eine eisige Böe in der Straße verfing, in der ich mit meinem Vater lief, erblickten wir eine Menschenansammlung. Eine Gruppe drängte sich vor einem Plakat: *Seuchensperrgebiet*. Angesichts der verwirrten Gesichter übersetzte mein Vater, der Deutsch sprach, mit lauter Stimme:

»Typhusgefährdete Zone.«

Alle begannen zu protestieren. Die Leute fragten sich gegenseitig auf Jiddisch aus:

»Kennen Sie Typhuskranke?«

»Nein! Das heißt … da gibt es zwar die Schwester von Abraham, aber es geht ihr besser …Und Sie?«

»Nein, nein!«

Mein Vater zog mich mit.

»Komm, Luna …«

Wir gingen einige Schritte weiter. Er schüttelte den Kopf.

»Meine armer Liebling, dieser Anschlag verheißt nichts Gutes! Nichts Gutes für die Juden!«

»Aber warum? Wir Juden sind doch nicht krank?«

»Aber nein … keineswegs.«

Und er fuhr fort:

»Wenigstens nicht im Moment …«

Innerhalb weniger Tage hingen überall im Stadtzentrum Anschläge. Am fünfzehnten Oktober, dem Jom Kippur-Tag, der auch mein fünfzehnter Geburtstag war, verkündeten die Deutschen, dass eine Mauer um das jüdische Viertel herum gebaut werden würde. Wir hatten das schon seit Langem erwartet, aber niemand konnte sich vorstellen, dass es diese Mauer wirklich einmal geben würde. Man gab vor, das sei notwendig, um die Typhusepidemie einzudämmen.

Mama sagte, dass es ihr ganz gelegen käme, denn wir lebten schon im Zentrum. Wir bräuchten nicht in ein anderes Haus umzuziehen, die anderen aber, die außerhalb der Zone lebten, mussten hierher ziehen. Alle fingen zur selben Zeit mit dem Umzug an. Die Leute liefen in alle Richtungen, die einen trugen eine Matratze auf dem Rücken, andere schoben mit der einen Hand einen mit Koffern überhäuften Kinderwagen und zogen mit der anderen eine Kinderschar hinter sich her. Von unseren Fenstern aus sahen wir eine ganze Truppe von Umzugswagen, Handkarren, die turmhoch beladen waren, andere wurden von erschöpften Pferden mit gesenkten Köpfen gezogen. Die letzten Polen, die in unserer Straße wohnten, zogen weg. Der Hausmeister unseres Wohnhauses, Jablonski, ein Pole, kam, um sich von uns zu verabschieden. Wir anderen Kinder betrachteten das ungeheure Durcheinander, das sich da vor unseren Augen abspielte, eher mit Vergnügen als mit Sorge.

Und eines schönen Tages kam Großmutter Ewa, um bei uns zu wohnen. Mama war wieder schwanger, und man erzählte uns, dass sie ihr mit dem Baby, das bald geboren werden würde, helfen sollte, aber wir wussten wohl, dass es nicht der einzige Grund war. Auf jeden Fall war für uns Großmutters Ankunft ein Fest. Um so mehr, da sie im selben Zimmer schlief wie Jakob und ich. Abends las sie uns vor: Oliver Twist, David Copperfield, Mr. Pickwick, der uns vor Lachen brüllen ließ, aber auch James Fenimore Cooper und die spannenden Geschichten über die Indianer Amerikas. Am Tag schalt sie meine Mutter, um sie zu überzeugen, Warschau zu verlassen.

»Shoshana, ich habe es dir doch gesagt! Es ist nicht meinetwegen, ich bin eine alte Haut, mir ist es piepegal! Aber für euch und die Kinder. Ihr müsst Warschau vor der Geburt des Babys verlassen. Und vor dieser verdammten Mauer! Das alles wird ein schlimmes Ende nehmen, ein sehr schlimmes!«

Der Gegensatz zwischen der fröhlichen Großmutter am Abend und der ernsten tagsüber verwirrte mich mehr denn alles, was auf der Straße geschah. Das, was Großmutter dazu brachte, so zu reden, konnte nur schrecklich sein.

Meine Mutter wurde ärgerlich, fing an zu weinen und legte dabei ihre beiden Hände auf den Bauch, als wenn sie das Baby daran hindern wollte, herauszufallen. Sie sank in den Sessel und zog sich einen Stuhl heran, um ihre Füße darauf zu legen. Großmutter Ewa seufzte geräuschvoll und kehrte zu ihrem Abwasch zurück. Am nächsten Morgen versuchte sie es von Neuem. So ging es bis zu Isaaks Geburt im November. Danach war es zu spät, um wegzugehen.

Eines Abends klingelte es an unserer Tür. Die Dunkelheit war seit Langem hereingebrochen, wir erwarteten niemanden. Es waren mein Onkel und meine Tante, Marian und Bronka, mit ihrem Sohn Jerzy. Sie kamen ohne Ankündigung, seit der Besetzung funktionierte die Post nicht mehr und wir hatten kein Telefon. Sie standen da, jeder mit einem kleinen Koffer in der Hand. Marian war der Bruder meiner Mutter, und sie lebten in einem Nachbarort von Warschau, wo sie ein Eisen- und Haushaltswarengeschäft führten. Ich kannte sie nur flüchtig, Jerzy hatte ich nur einmal, am Tag seiner Bar Mitzwa vor drei Jahren, gesehen.

Wir fanden uns zu acht in unserer Dreizimmerwohnung mit Küche wieder. Großmutter Ewa und Jerzy schliefen in unserem Zimmer; in dem anderen Zimmer stellten wir die Stühle auf den Tisch, um Platz zu schaffen, eine Matratze wurde für Marian herausgezogen und ein Feldbett für Bronka aufgebaut, die nicht auf dem Boden schlafen wollte. Jakob und ich dagegen stritten uns darum, wer auf dem Boden schlafen durfte, der als ein bevorzugter Platz galt.

Das Zusammenwohnen war nicht immer einfach, und im Winter konnten wir Kinder uns nicht mehr im Hof aufhalten. Da unsere Eltern nicht wollten, dass wir auf die Straße hinausgingen, verbrachten wir die Tage damit, in der Wohnung herumzuhängen. Jakob und ich stritten uns unablässig um die Gesellschaft unseres großen Cousins Jerzy, was meine Mutter reizte, die kurz vor der Niederkunft stand. Eines Tages, als die Spannung wieder um einen Grad angestiegen war, schlug ich meinen Bruder mit einem dicken Buch auf den Kopf und brüllte:

»Ich habe es satt, mit dir zu leben!«

»Nun, du brauchst nur abzuhauen!«

Nachdem er sich mit der Hand an den Kopf gefasst hatte und bemerkte, dass er blutete, warf er einen Stuhl in meine Richtung.

Großmutter, die mit einem Eimer Wasser vom Hof heraufkam, baute sich auf der Türschwelle vor uns auf:

»Schämt ihr euch denn nicht!«

Und sie schleuderte uns das eisige Wasser ins Gesicht.

»Dass ihr mich zu so etwas zwingt, ihr verwöhnten Kinder! Wo doch heute Hunderte von Familien nicht einmal Wasser im Hof haben. Los! Jeder nimmt sich einen Eimer, und dann werdet ihr mir das Wasser holen, das ihr vergeudet habt!«

Großmutter verfügte über Methoden, die rasch zum Ziel führten, und sie konnte sie auch vermitteln. Als wir mit unseren Eimern wieder hochkamen, hielt sie uns eine weitere Strafpredigt:

»Ihr beklagt euch darüber, dass ihr so eng zusammengedrängt wohnt! Seid ihr euch bewusst, das heute sogar Familien im Ghetto ankommen, die nicht einmal eine Wohnung oder einen einzigen Verwandten haben, der sie empfängt? Geht doch und schaut euch an, wo diese Unglücklichen wohnen!«

Ich schämte mich. Mama weinte leise, sie hatte die Hände auf ihren Bauch gelegt.

In der folgenden Nacht vernahm ich Geräusche. Ich wachte auf. Großmutter war nicht in ihrem Bett. Ich ging auf Zehenspitzen durch den Salon. Bronka war auch nicht da. Ich hörte ihre Stimmen aus dem Zimmer meiner Eltern, die von dem Stöhnen meiner Mutter unterbrochen wurden. Mein Herz begann heftig zu schlagen. Ich blieb stehen, zitterte im Dunkeln, versuchte etwas zu hören und wollte doch nichts hören. Und dann, plötzlich ein Ausruf, dem ein schriller Schrei folgte, der die Nacht zerriss:

»Ein Junge! Ein Junge, meine Liebste!«

Ich stürzte in mein Zimmer, vergrub meinen Kopf unter meinem Kissen und brach in Schluchzen aus.

Mein kleiner Bruder Isaak wurde also zu Hause geboren. Es gab wegen des Zustroms von Vertriebenen und aufgrund des Ausbruchs der Typhusepidemie keinen Platz mehr im Krankenhaus. Doktor Weisfeld war gekommen, alles war sehr gut über die Bühne gegangen. Isaak war ein schönes Baby, er strotzte vor Leben und Gesundheit, und seine Ankunft erhellte den ersten düsteren Winter im Ghetto.

Großmutter Ewa hatte die Wahrheit gesagt. Einige Tage nach Isaaks Geburt gingen Jerzy, Jakob und ich zu einer der berüchtigten Übergabestellen, wo die Vertriebenen aus der Umgebung von Warschau zusammengepfercht wurden. Das war mein erstes Bild von der Katastrophe.

Wenn ich an unser Leben im Ghetto zurückdenke, sehe ich, wie vor meinen Augen eine lange Folge von »ersten Malen« abrollt. Die erste Vision der Hoffnungslosigkeit, der erste Hungertote, der erste Typhustote, das erste zurückgelassene Kind, die erste Razzia, die erste »Selektion«, der erste Eisenbahnwaggon … Und jedes dieser ersten Male hatte immer das Gesicht eines Abschieds, des letzten Males. Sie alle zusammengenommen hoben sich später gegenseitig auf, sie zerflossen in einer langen undeutlichen Nacht, in der das Leiden sie auflöste. Es musste noch einige Zeit vergehen, leere, unbeschriebene Zeit, bis Szenen wie diese Bilder meiner »ersten Male« wieder hochkamen, um all die Menschen darin wiederzubeleben, bis meine Erinnerung ihnen allen, jedem einzelnen, ihr Leben zurückgab.

Den Juden, die kamen und das Warschauer Ghetto im Verlauf des ersten Winters bevölkerten, blieb nicht der kleinste Unterschlupf. Sie wurden in den verlassenen Gebäuden zusammengepfercht, meistens ohne Wasser, ohne Toiletten, ohne Elektrizität, und Heizung gab es ohnehin nicht. Sehr schnell wurden die Leute zu Stadtstreichern, zu Bettlern, die sich auf der Straße dem Tod überließen. Es war einfach entsetzlich. Zu Hause bei uns war niemals mehr die Rede von Streit.

Jerzy sah sehr gut aus. Er übte ohne es zu wollen einen unwiderstehlichen Reiz aus. Seine wassergrünen Augen, die unter der Wölbung der dichten Augenbrauen eng beieinander lagen, spiegelten seine Launen mit rührender Ehrlichkeit wider. Augen, die für sein schmales Gesicht zu groß schienen, aber die Welt mit tiefsinnigem Blick betrachteten und den Dingen liebenswürdige Aufmerksamkeit angedeihen ließen. Er hatte einen seltsamen Charme, manchmal unheimlich wie ein Bohemien, dann wieder beruhigend wie ein einfacher Hirte vom Lande. Er konnte gleichzeitig schroff und zugewandt sein, egoistisch und aufmerksam, schlau und naiv, unschuldig und durchtrieben. Er gefiel mir sofort, wobei er mich furchtbar beeindruckte.

Am Tag nach seiner Ankunft erwies mir Jerzy die ungeheure Ehre, mir den Inhalt seines kleinen Koffers zu zeigen, den er mitgebracht hatte: Bücher, nichts als Bücher. Angesichts meiner verwunderten Miene machte er mir das Angebot, ich dürfe mich aus seiner reisenden Bibliothek bedienen. Ich war verwirrt, denn ich war nie eine gute Leserin gewesen, doch tat ich so, als wäre ich von seinem Angebot begeistert. Um bei Jerzy gut anzukommen, las ich meinen ersten echten Roman, *Die Elenden* von Victor Hugo.

Kaum eine Woche später wurden alle Männer ohne Arbeit dienstverpflichtet, um die berüchtigte Mauer fertigzustellen. Jerzy musste seine Bücher gegen Backsteine und einen Spaten eintauschen, und er zog zusammen mit seinem Vater los, um die Mauer zu bauen, die uns einschließen sollte. Doch ich war mir dessen noch nicht wirklich bewusst. Ich war zwar seit kurzem fünfzehn Jahre alt, freute mich dennoch wie ein kleines Mädchen darauf, unseren Arbeitern ihr Pausenbrot zu bringen, mich mit Jerzy, der auf seiner Leiter hing, zu unterhalten, diese Mauer zu sehen, die so schnell immer höher wurde, so schnell, so schnell!

Abends, wenn sie erschöpft heimkehrten, seufzte Marian niedergeschlagen. Mama, mit dem Baby auf dem Arm, versuchte verzweifelt eine Erklärung zu finden:

»Wenn sie dazu dienen kann, die Typhuskranken zu isolieren, und
so die Epidemie daran hindert, sich auszubreiten … Bestimmt
werden sie den Kranken verbieten hinauszugehen, aber die anderen wird man doch nicht daran hindern! Man muss Vertrauen
haben!«

Am Tisch schien niemand sonst davon überzeugt zu sein.

Als ich dann eines Tages zu der Baustelle kam, sah ich, wie unsere
Arbeiter mit einer merkwürdigen Aufgabe beschäftigt waren: Sie
zertrümmerten Flaschen und Teller. Ich schaute ihnen zu und begriff nichts. Andere sammelten die Scherben in Holzkübeln, die sie
auf ihre Schultern luden, und oben auf der Leiter kippten sie den
Inhalt in den frischen Mörtel, ehe sie eine riesige Stacheldrahtrolle
daraufsetzten. Da wurde mir die Realität auf brutale Weise klar:
Wir bauten unser eigenes Gefängnis.

Am 15. November schlossen sich die Tore des Ghettos um uns.
Mein Vater kehrte aus der Druckerei heim und machte dabei einen
Umweg über die Zelazna-Straße, die an der Mauer entlangführte.
Er hatte die Wachhäuschen mit den deutschen Soldaten gesehen,
die die Ausgänge kontrollierten. Er sagte zu uns, wobei er so tat,
als würde er spaßen:

»Es ist so weit, wir sind eingesperrt wie Tiere in einem Zoo!«

Beim Hören des Wortes »eingesperrt« bekam ich einen Schock.
Jetzt war es ausgesprochen worden. Papa sah uns Kinder an, mit
erhobenem Zeigefinger und komisch aufgerissenen Augen, und
fügte hinzu:

»Doch es gibt zwei große Unterschiede zum Zoo: Erstens, niemand kann uns besuchen, zweitens, niemand gibt uns Erdnüsse!«

Und an Mama gewandt:

»Noch ein weiterer Unterschied zum Zoo: Ein Tier, das aus dem Zoo wegläuft, wird nicht niedergeschlagen, sondern zurückgebracht.«

Mama wurde blass. Jerzy unterbrach einen Moment lang seine Lektüre, schaute meinen Vater schräg von unten mit seinem intensiven Blick an, als wolle er ihm nur mit den Augen etwas sagen, was mit der Mauer zu tun hatte. Dann gab er es auf und versenkte sich wieder in sein Buch.

Ein Ghetto. Ich versuche zu verstehen, was das wirklich bedeutet. Wir Juden sind alle zusammengepfercht. Es gibt elf Türen in der Mauer, die man nur als Eingänge bezeichnen kann, denn als Ausgänge können sie auf gar keinen Fall fungieren. Soldaten halten Tag und Nacht Wache. Die Mauer ist solide, endlos. Überall wo sie von einem Gebäude unterbrochen wird, sind alle Öffnungen, Türen und Fenster sorgfältig vermauert.

Von dem Moment an, als das Ghetto geschlossen wurde, wurde alles, was auf der anderen Seite passierte, verschwommen, fremd, wie unwirklich. Sogar der Krieg. Die Beziehungen mit der Außenwelt waren vollkommen abgebrochen, ebenso wie alle Kontakte zu den anderen Juden der benachbarten Städte und Ortschaften.

Millionen von Menschen fanden sich ohne Arbeit wieder, ohne jede Möglichkeit, sich ihren Lebensunterhalt zu sichern. Alle, die vorher »draußen« gearbeitet hatten. Ebenso wie diejenigen, die von weither kamen, wie mein Onkel, und die ihre Arbeit hatten aufgeben müssen. Im Ghetto bedeutete Arbeitslosigkeit, kurz und bündig ausgedrückt, Elend und Hunger. Also Krankheit und Tod, schneller als für die anderen. Im allgemeinen Unglück hatten wir Glück: Mein Vater behielt seine Arbeit, wir blieben zu Hause.

Mein Onkel Marian und seine Frau Bronka hatten in der deutschen Fabrik Többens, die Soldatenkleidung herstellte, in der Prosta-Straße Arbeit gefunden. Zu Beginn des Jahres 1941 mussten die Arbeiter die Uniformen der deutschen Soldaten reparieren, die von der Front kamen. Häufig waren die Uniformen mit Blut befleckt und zerrissen, und jedes Mal freuten sie sich bei der Vorstellung, dass ein deutscher Soldat getötet oder verletzt worden war.

Eines Tages kam mein Onkel ganz aufgeregt nach Hause. Er hatte ein Stück Papier in der Tasche einer von Schüssen durchlöcherten deutschen Uniform gefunden. Das auf Deutsch verfasste Schriftstück rief die Soldaten und Offiziere der Wehrmacht dazu auf, sich zu weigern, gegen die Zivilbevölkerung und die Juden gerichtete Befehle auszuführen. Auf der Rückseite stand eine handgeschriebene Liste deutscher Namen. Zehn, um genau zu sein. Menschen, die offensichtlich einer oppositionellen Bewegung innerhalb der deutschen Armee angehörten. Vor einigen Namen war der Name einer Stadt in Polen angegeben: Lodz, Krakau, Tschenstochau, Warschau. Für Warschau gab es drei Namen: Kurt Mitzhof, Werner Wald und Hans Büchner. Hans Büchner. Ich fuhr zusammen und schaute meinen Vater an. War das nicht der Name des deutschen Cellisten, der an meinem elften Geburtstag die Brahmssonate gespielt hatte?

»Ja, dein elfter Geburtstag! Und du erinnerst dich vielleicht auch noch an das Theater, das du gemacht hast, als ich ihn begrüßen wollte?«

Er nickte.

»Ein glänzender Musiker ... Übrigens habe ich inzwischen erfahren, dass er auch Medizin studiert hat. Cellist und Arzt ... Ganz hervorragend, wirklich ... Aber nein, höchstwahrscheinlich ist er es nicht. Büchner ist ein sehr geläufiger Name und der Vorname Hans noch viel mehr. Und außerdem«, fügte er nachdenklich hinzu, »hielt diese Familie eng zusammen. Ich nehme an, dass sie alle Deutschland vor dem Krieg verlassen haben …«

Er hatte recht, ich vergaß den Zufall. Dennoch. Diese drei Namen sind mir im Gedächtnis geblieben.

Wir ergingen uns in Vermutungen über dieses Stück Papier. Und dann kamen wir zu dem Schluss, dass es wirklich ein Netz von Gegnern des Krieges und der Nazis innerhalb der deutschen Armee gab, dass dieses Netz aktiv war, und das vielleicht sogar in unserer Nähe.

In dem Zustand der Niedergeschlagenheit, in dem wir uns befanden, hatte diese Entdeckung die Wirkung eines Sonnenstrahls. Es war das erste Signal von draußen, und es kam von den Deutschen selber! Auf einmal erhellte sich die Zukunft, die Wolken zerrissen, der Himmel öffnete sich ein wenig.

Kurt Mitzhof, Werner Wald und Hans Büchner. Ich habe mich monatelang in diesen drei Namen gewiegt. Sie klangen gut, sie klangen richtig. Ich habe sie psalmodiert, wie eine Beschwörungsformel, ich habe sie gesungen. Ich habe sogar eine Melodie aus ihnen komponiert. Ich habe sie in meinem Herzen getragen wie einen Talisman, eine geheime Hoffnung, eine Perle aus reinem Kristall im Herzen eines Granitstückes.

Sehr schnell wurde die Gewalt auf der Straße sichtbar. Fast jeden Abend schossen Gruppen von Deutschen auf einen verspäteten Passanten, auf eine kleine Alte, die es nicht mehr geschafft hatte, vor dem verhängnisvollen Beginn der Sperrstunde nach Hause zu gelangen, auf Fenster, wo noch ein wenig Licht schimmerte. Jeden Abend wurden Juden auf der Straße oder bei sich zu Hause niedergeschossen.

Also schlossen wir uns, sobald die Dunkelheit hereinbrach, in den Häusern ein. Wir zogen die Vorhänge vor, hängten zusätzlich eine

Decke davor, damit die Innenbeleuchtung von der Straße her nicht zu sehr zu sehen war. Man vermied es, Lärm zu machen. Alle hatten Angst.

Zu Hause hatte sich die Atmosphäre verändert. Ich hatte keine Freunde mehr. Tekla hatte das Viertel verlassen, Celia kam fast nicht mehr. Ihre Eltern gehörten zu denen, die sagten, dass man sich mit der Situation abfinden müsse, dass sie den Krieg über andauern würde, dass man eben so lange akzeptieren müsse, was geschah, und vor allem nicht den Unmut der Deutschen erregen dürfe. Sie verurteilten das rebellische Temperament meines Vaters und meiner Großmutter und untersagten Celia schließlich irgendwann, zu uns herunterzukommen. Am Anfang ging ich weiter zu ihnen hinauf, aber uns war nicht mehr nach Spielen zumute. Allmählich haben wir dann nicht viel mehr zueinander gesagt als »Guten Tag, wie geht's dir?«, wenn wir uns auf der Treppe begegneten. Das gehörte zu den Dingen, die mich sehr betrübten.

Die Deutschen hatten eine höchst raffinierte Art gefunden, sich das Ghetto gefügig zu machen: den Judenrat. Er war gewissermaßen die Regierung des Ghettos. Im Prinzip regierten sich die Juden selber. In Wirklichkeit gab der Judenrat nur die deutschen Befehle weiter. Aber am Anfang wussten wir das nicht.

In der ersten Zeit haben sich viele Juden freiwillig für den Judenrat gemeldet, denn sie glaubten, sie könnten dadurch das Schicksal der ihnen Nahestehenden und der gesamten jüdischen Gemeinschaft mildern. Meine Mutter hätte es gern gehabt, dass mein Vater sich freiwillig meldete, doch der weigerte sich gleich beim ersten Mal und trotz des Zuredens seines alten Freundes Ysroel, der Archivar im Judenrat war, hartnäckig. Er misstraute dem Judenrat instinktiv, und die Ereignisse sollten ihm Recht geben.

Von Natur aus hatte er die Neigung, sogar unter den schlimmsten

Bedingungen allen Dingen eine positive Seite abzugewinnen, und so hatte mein Vater sich gefreut, dass er die Druckerei behalten konnte. Dennoch nahm er mit der Zeit einen besorgten Gesichtsausdruck an, den wir an ihm nicht kannten. Ich zog ihn mit seinen Falten auf, die seit Kurzem eine doppelte Furche zwischen seinen Augen zeichneten, aber Mama betrachtete sie mit Sorge. Tag für Tag sahen wir, wie sich seine Stimmung verdüsterte. Eines Abends schlug er die Tür beim Nachhausekommen lauter zu als gewöhnlich. Er hielt ein viermal gefaltetes Blatt Papier in der Hand. Wortlos entfaltete er es auf dem Küchentisch und machte meiner Mutter ein Zeichen.

»Shoshana, komm mal her …«

Mama beugte sich vornüber, um zu lesen.

»*Fleckfieber.* Ja und? Das ist Deutsch. Was heißt das übrigens?«

»Typhus. Shoshana, wenn die Deutschen anfangen, uns ihre Anschläge und Flugblätter drucken zu lassen, habe ich Angst, dass … Wie auch immer, ich sehe mich nicht deutsche Propaganda drucken!«

»Aber Henryk, ›Typhus‹, das ist keine deutsche Propaganda!«

»Ich habe schon eine Mauer um meine Stadt, eine Binde um meinen Arm, ich will keinen Anschlag an meiner Tür, der kundtut, ob ich krank bin oder nicht!«

»So weit ist es noch nicht, Henryk.«

Doch es war sehr schnell so weit. Am übernächsten Tag erhielt die Druckerei den Befehl, den Deutschen fünfhundert Flugblätter zu liefern, auf denen der neue Plan des jüdischen Viertels von Warschau abgebildet war.

Mein Vater war wütend. Die ganze folgende Woche über zeigte er sich überempfindlich und nervös. Der Gedanke, den Deutschen den Plan des Ghettos zu liefern, den sie selber gezeichnet hatten, um uns einzuschließen, machte ihn krank.

»Und wozu? Um ihr System weiter zu verfeinern, ein neues Gefängnis zu schaffen, die Schließung ihrer Tore zu verbessern! Ich weigere mich, ein Instrument der Deutschen zu sein!«

Er weinte deswegen. Einige Tage vergingen. Mein Vater wurde immer niedergeschlagener. Am Abend, in unserer kleinen Runde, die versuchte, sich zusammenzufinden, komme was da wolle, sprach er fast gar nicht mehr. Und dann musste er eines Tages ein Flugblatt drucken, das den Juden des Ghettos den Befehl erteilte, alle privaten Nähmaschinen zum Judenrat zu bringen, damit sie beschlagnahmt wurden.

Ich sah wieder, wie mein Vater Tränen der Wut wegwischte. Er wiederholte:

»Ich kann nicht mehr! Ich kann nicht mehr!«

Zu meiner großen Verwunderung nahm meine Mutter die Sache sehr ruhig auf, sie schien fast erleichtert.

»Gut, in gewisser Weise ist es sogar besser so. Du wirst nun den Vorschlag Ysroels annehmen. Du wirst beim Judenrat eine Arbeit finden.«

Diese einfache Bemerkung rief bei meinem Vater einen Wutausbruch hervor. Er fing an zu toben:

»Ja, ich werde diese Druckerei schließen! Ja, ich werde beim Judenrat arbeiten! Und du, was willst du? Du willst deine Nähmaschine nicht behalten?«

»Doch, aber beruhige dich, Henryk! Du selbst ...«

Mein Vater hörte ihr nicht zu.

»Man beschlagnahmt dir deine Nähmaschine! Man soll sie in Verwahrung geben. Wo? Beim Judenrat! Und du, du willst, dass ich dort, bei diesem Judenrat im Dienst der Deutschen arbeite?«

Er schrie, er war außer sich. Es war das einzige Mal in meinem Leben, das ich ihn in diesem Zustand gesehen habe. Meine Mutter fing an zu weinen und vergrub das Gesicht in den Händen. Plötzlich herrschte tiefe Stille. Er beruhigte sich wie eine Windböe, die verschwindet. Er blickte um sich. Meine Mutter murmelte:

»Henryk, wir haben keine andere Wahl …«

Er kratzte sich heftig am Kopf, erhob sich, legte seine große Hand auf die Schulter meiner Mutter und sagte nur:

»Gut. Einverstanden. Morgen werde ich sehen, was Ysroel mir vorschlagen kann.«

Meine Mutter hat ihre Nähmaschine behalten, und mein Vater ist dem Judenrat beigetreten. Ich weiß nicht, ob die beiden Dinge miteinander zusammenhingen.

Und dann kam wirklich der Typhus. Zunächst schlich er sich wie ein Fisch in alle Gespräche ein. Man kannte Fälle, man redete darüber, um sich zu beruhigen, man vermied es aus denselben Gründen, darüber zu reden. Es wurden einige Häuser, dann einige Häuserblocks mit den schrecklichen Anschlägen beklebt: *Fleckfieber*! Deren rote oder schwarze Buchstaben attackierten die Vorbeigehenden wie die Zähne des Todes in Person.

Wir gaben uns Mühe, uns einzureden, dass uns das nicht widerfahren konnte. Wir trafen alle Vorsichtsmaßnahmen. Die anderen waren nicht ausreichend gegen die Läuse geschützt, von denen es überall auf der Straße, in den Straßenbahnen, zwischen den Seiten der Zeitung, in den Nähten der Kleidungsstücke, in den Brotkanten wimmelte. Wenn wir von draußen hereinkamen, erwartete uns meine Mutter im Hausflur, mit einer Pinzette in der einen und einer Untertasse mit Alkohol in der anderen Hand. Wir mussten vor der Tür stehenbleiben während sie bei uns der Reihe nach die Läuse, mit denen wir bedeckt waren, mit der Spitze ihrer Pinzette packte und in Alkohol tauchte.

Also konnten wir den Typhus nicht bekommen. Es waren die anderen.

In dieser Zeit spürte ich, wie die Gefahr näherrückte. Ich kehrte mit Jakob und meinem Vater nach Hause zurück. Ich weiß nicht mehr, warum; wir waren fröhlich, Jakob und ich sangen. Es musste bereits spät sein, die Straßen waren leer, und der Mond schien schon und beleuchtete die hartgewordenen Schneeverwehungen. In dieser eisigen Kälte war kein einziger Polizist draußen, und wir – wer weiß warum, sicher war es die ewige Lebensfreude meines Vaters, die Energie von uns Kindern –, wir sangen. Mein Vater lief schnell, wegen der Sperrstunde. Er trieb uns aus der Entfernung an, aber wir spielten Fangen.

Plötzlich sah ich, wie Jakob stolperte und mit der Nase in den Schnee fiel. Ich brach in Lachen aus. Und dann richtete er sich auf, und ich hielt seine aschfahle Gesichtsfarbe für eine Wirkung des Mondlichts. Er rückte heftig von dem Ding, über das er gestolpert war, ab, und erst jetzt schaute ich hin. Es war ein nackter Kadaver, der vom wirbelnden Schnee zugedeckt worden war. Durch seinen Fall hatte Jakob das Gesicht des Toten freigelegt, der zu lächeln schien. Einen Augenblick lang blieben wir vor Verblüffung regungslos stehen, dann ergriffen wir die Flucht, wobei wir über die Eisflächen schlitterten und bis zu uns nach Hause rannten.

Im März 1941 wurde Mama krank. Eines Tages war sie in der Küche bewusstlos geworden und mit dem Kopf gegen den Heizungskörper gestoßen. Sie blutete stark. Als ich nach Hause kam, fand ich sie mit einem enormen Kopfverband im Bett liegend vor, und ich hatte große Angst. Großmutter sagte, dass es nichts Schlimmes sei, sie hätte nur das Bewusstsein verloren, sie sei unglücklich gestürzt, aber ich sah wohl, dass sie sich Sorgen machte. Am selben Abend begann das Fieber zu steigen, und wir holten Doktor Weisfeld. Mama hatte Typhus.

Rosafarbene Flecken breiteten sich über ihren Körper, ihre Arme, ihre Beine aus. Mama klagte über unerträgliche Kopfschmerzen, und im Ghetto gab es keine Medikamente mehr. Bald darauf begann sie zu fantasieren.

Man musste sie isolieren. Sie lag im einen Schlafzimmer in ihrem Bett, und wir schliefen zu neunt in dem anderen Raum und in der Küche. Man hörte sie mit lauter Stimme schreckliche Worte aussprechen. Eines Tages rief sie mich:

»Luna, komm her!«

Ich öffnete die Tür einen Spalt breit, steckte den Kopf herein. Sie sah aus, als wäre sie bei klarem Verstand. Ich fasste mir ein Herz und näherte mich ihr.

»Ja, Mama?«

»Hast du schon einen Toten gesehen?«

Ich begann zu zittern wie Espenlaub. Sie sah wieder so seltsam aus.

»Antworte mir, Luna, ich bin deine Mutter. Du musst mir antworten.«

»Hhmm ... ja, ich glaube, ich weiß nicht.«

Sie war ganz rot, das Fieber stieg ihr ins Gesicht, und ihre Augen glänzten. Sie machte mir Angst.

»Und dieser Tote da, dieser ›ich weiß nicht‹, woran ist er gestorben? Na? Woran ist er gestorben?«

Ich fing an zu weinen.

»Mama, Mama hör auf ...«

Einen Moment lang verharrten wir so. Sie sagte nichts mehr, sie schaute mich nur starr an. Sie war nicht mehr so rot wie einige Augenblicke zuvor. Als ich zu weinen aufhörte, sagte sie zu mir:

»Luna, versprich mir eins. Ich will auf dem jüdischen Friedhof begraben werden, neben meinem Vater. Nicht im Massengrab. Ich will nicht mit Zeitungspapier bedeckt werden. Versprich es mir.«

Ich versprach es. Ich wusste nicht, dass es auf dem jüdischen Friedhof schon keinen freien Quadratzentimeter mehr gab.

Zu Hause wurde die Atmosphäre unerträglich. Mama lag fieber-
glühend in ihrem Bett und fantasierte. Jakob, Jerzy und ich waren
je nach Wetter in der Wohnung oder im Hof untergebracht. Die
Erwachsenen gingen zur Arbeit, außer Großmutter, die Mama
pflegte. Ich musste mich um Isaak kümmern. Er weinte viel, der
arme kleine Mann von vier Monaten, dem die Arme seiner Mutter
so plötzlich fehlten.

Mein Vater arbeitete den ganzen Tag im Judenrat. Er hatte eine
etwas langweilige Arbeit, Papierkram, aber wir nahmen an, dass
sie uns beschützte. Wir sahen ihn kaum noch. Trotz Mamas Zustand ging er immer häufiger abends weg. Manchmal kam er nach
der Arbeit nach Hause, blieb fünf Minuten, ging wieder weg, ohne
uns zu sagen wohin, und diese nächtlichen Ausgänge gingen mir
schließlich auf die Nerven. Zum ersten Mal in meinem Leben hatte
mein Vater ein Geheimnis, und er weigerte sich, es mir mitzuteilen. Ich stellte mir alles Mögliche vor, nur nicht die Realität.

Es wurde April. Auf der Straße drang der geschmolzene und
matschige Schnee in unsere Stiefel ein. Ich war schlecht gelaunt,
betrübt. Wir hatten gerade erfahren, dass Mama nicht im Krankenhaus aufgenommen werden konnte. An jenem Tag hatte sich
die Sonne schüchtern gezeigt. Wir saßen auf den Granitpfosten
im Hof, ich behielt geistesabwesend Isaak im Auge. Jerzy las wie
gewöhnlich, während er gleichzeitig mit mir eine Art zusammen-
hangloses Gespräch führte. Ich stieß niedergeschlagen hervor:

»Und was machen wir jetzt?«

Er hob die Nase aus seinem Jack London und schaute mich lächelnd an.

»Das nennt man ›am Fuße der Mauer stehen‹, Luna!«

Er musste über sein Wortspiel lachen. Ich nicht.

»Und du findest dich lustig! Du hast Glück, dass du zu so einer Art Humor fähig bist, du …«

Er tat, als würde er nachdenken.

»Ja, ganz sicher, ich habe Glück.«

Plötzlich hörte er auf zu lachen.

»Das ist kein Glück. Das ist eine ganz alltägliche Tätigkeit, Luna. Die Dinge bei ihrem Namen zu nennen. Verstehen, was um uns herum passiert. Das ist es, was Humor möglich macht. Das ist es, was einen rettet, vielleicht … Wer weiß?«

Die Wendung, die das Gespräch nahm, erregte mein Interesse.

»Glaubst du wirklich, dass es nur so geht? Ich weiß nicht warum, aber ich habe das Gefühl, dass die Musik mich retten wird …«

Wir schwiegen einen Moment lang. Jeder dachte nach. Jerzy fing wieder an:

»Wir haben alle eine kleine Musik in uns, die uns retten kann. Man muss sie nur finden können. Doch ich glaube, um in der Lage zu sein, sie so musikalisch wie möglich … zum Klingen zu bringen, ich spreche von dir, Luna, muss man anfangen, den Dingen ins Gesicht zu sehen.«

Ich grinste dumm.

»Ach ja! Sind wir vielleicht durch Mamas Krankheit nicht genug damit konfrontiert? Mit den Toten überall! Mit der Mauer, die die Juden umgibt!«

»Wenn wir nichts tun, wird das, was uns erwartet, noch etwas ganz anderes sein als nur eine Mauer, die uns zusammenpfercht …«

Ich schüttelte den Kopf. Jerzy nervte mich mit seinen lakonischen Äußerungen. Wovon sprach er, wenn er von »etwas ganz anderem« sprach? Und was konnte man tun? Ehe er sich wieder in seinen Jack London versenkte, fügte er in belehrendem Ton hinzu:

»Heute gibt es nirgendwo auch nur den geringsten Platz, weder für die Lebenden im Ghetto, noch für die Kranken in den Krankenhäusern, noch für die Toten auf dem Friedhof. Keinen Platz mehr für die Juden, verstehst du?«

Ich glaube, ich erfasste das Bild, ehe ich es wirklich verstand. Bald würde es keine Juden mehr geben.

Wir hatten fast kein Geld mehr. Papa verdiente einen Hungerlohn, und vor allem fand man nichts mehr zu essen. Ein Stück Brot, eine Kartoffel waren ein Vermögen wert. Großmutter Ewa gelang es, ich weiß nicht durch welches Wunder, fast jeden Tag eine klare Suppe zuzubereiten. Aber die Geld- und Nahrungsfrage wurde immer besorgniserregender. Mein Vater entschloss sich, seine Uhr einem Polen zu verkaufen, der mit den Juden Schwarzhandel trieb. Ich wurde beauftragt, in das feine Café *Britannia* zu dem Treffen zu gehen, wo die reichen Juden, manchmal sogar die deutschen Offiziere, etwas tranken und Musik hörten. Der Pole war dick, glänzend, mit einem schiefen Lächeln und einem Goldzahn. Er widerte mich an. Das Schlimmste war, dass er glaubte, sich mit mir unterhalten zu müssen. Ich musste mich beherrschen, um nicht aufzustehen und zu gehen. Ich musste unbedingt diese Uhr verkaufen. Er hatte erfahren, dass ich sang, und rief den Wirt an unseren Tisch.

»Szbecek! Ich möchte dir Luna vorstellen. Sie ist Sängerin. Hättest du nicht Arbeit für sie?«

»Wenn sie gut singt, gibt es selbstverständlich Arbeit für sie!«

Ich hatte mich nicht danach gedrängt, doch die Gelegenheit war zu schön. Auf einmal nahmen die Dinge eine abenteuerliche Wendung, und der Wirt hatte mit seinem »wenn sie gut singt« meinen Stolz getroffen.

»Ich kann etwas singen, wenn Sie es möchten.«

Ich sang für ihn in einem Hinterzimmer, ein Solo aus dem *Magnificat* von Bach. Er war sehr beeindruckt. Ich sagte ihm selbstsicher, dass ich auch das volkstümliche Repertoire beherrschte, das die Leute zum Tanzen oder Weinen bringen konnte, je nach Wahl. Ich staunte über mich selbst, ich hätte mich nicht für so kühn gehalten.

Er engagierte mich sofort, für eine Handvoll Zlotys pro Abend! Das war ein Reichtum! Ich würde so viel verdienen wie mein Vater! Ich würde die Familie ernähren! Der Gedanke machte mich ganz benommen. Verklärt kehrte ich mit dieser Neuigkeit und mit dem Geld für die Uhr dazu nach Hause zurück. Mein Vater reagierte ein wenig zurückhaltend, aber schließlich willigte er ein, von meiner Großmutter Ewa gedrängt, die die Idee großartig fand.

Das erste Mal, als ich im *Britannia* sang, kam die ganze Familie, um mich zu hören, außer Bronka, die bei Mama und Isaak blieb. Großmutter Ewa hatte eine saubere Schürze angezogen, Papa, Marian und Jerzy trugen Hüte, aber ihre Kleidung hob sich dennoch von der der Reichen ab, die hierher kamen, um sich zu zeigen. Man hatte mir einen freundlichen Pianisten zugewiesen, der vor Aufregung ganz starr war, aber alles vom Blatt spielte, was ich ihm vorschlug.

Ich hatte das wunderschöne polnische Wiegenlied, das meine Großmutter mir in meiner Kindheit vorgesungen hatte und das meine Kindheit begleitet und mich dem Gesang geöffnet hatte, in mein Repertoire geschmuggelt: »Der Mond ist weiß, schlaf, meine Luna«. Es war abergläubisch, aber es beruhigte mich. Dieses Lied kam mir wie eine magische Formel vor, die es mir möglich machte, diesen schwierigen Moment durchzustehen. Ich sang es gut, sehr sanft und mit viel Ausdruck, und mir wurde tosender Beifall gespendet. Es war das erste Mal, das mir das von einem Publikum widerfuhr, das ich nicht kannte, und in diesem Publikum gab es ab und zu einen Deutschen. An jenem Abend wurde mir deren

Anwesenheit plötzlich bewusst, und mich erfasste ein Schwindel, den ich zu verscheuchen suchte.

In der zweiten Reihe sah ich meine Großmutter, die sich in die Brust warf und dabei die Blicke ihrer Umgebung auffing. Sie verging fast vor Verlangen, dass jemand sie fragte: »Kennen Sie die Kleine, die da singt?« Natürlich passierte das nicht. Es war eher ein leises Mitleid, das zeitweise in den Blicken der Leute mitschwang. Aber ich glaube nicht, dass sie es wahrnahm. Sie war darüber erhaben, tausendmal. Die Art und Weise, wie sie gekleidet war, bedeutete ihr wenig. Was zählte, war, dass ihre Enkelin eine Silberstimme hatte und dass alle es nun wussten.

Sehr schnell wurde ich mir bewusst, dass ich von den Männern bewundert wurde. Diese Entdeckung war mir nicht unangenehm, sie rief bei mir zugleich ein diffuses Gefühl hervor. Der Gedanke, dass meine Stimme verführen konnte, dass sie ein Teil meiner Person war wie meine Haare oder mein Gesicht, machte mich befangen.

So aß ich mich zwei Mal in der Woche satt, und diese beiden Abende waren ein frischer Lufthauch in meinem Leben. Wenn ich sang, war mir, als ob ich alles vergäße. Ja, tatsächlich, ich vergaß alles, sonst hätte ich es nicht gekonnt. Und dennoch forderte die Realität wieder ihr Recht ein, sobald meine Stimme verstummte. Das Ghetto, das Elend, der Tod. Vor allem und insbesondere der Gedanke, dass Deutsche mich hören konnten, dass ich möglicherweise sogar für sie sang. In diesem Augenblick drohte alles zu kippen. Ich bewegte mich in meinem neuen Zustand wie ein Seiltänzer, jeder Schritt hätte mich ins Leere stürzen lassen können. Ich weiß nicht, wie ich das durchhielt, ich weiß es wirklich nicht, doch sobald ich mir diese Frage stellte, schwindelte mir.

Im *Britannia* sang ich, was ich wollte. Ich stellte mein Programm selbst zusammen. Im Prinzip war den Juden das Aufführen deutscher Musik untersagt, aber das war widersinnig: Die deutsche

Musik war *die* Musik schlechthin, und es schien mir unmöglich, sie zu übergehen. Außerdem schienen mir die Leute, die kamen, um uns zu hören, in erster Linie die Musik als solche zu lieben und nicht die Tatsache, dass sie deutsch oder französisch war (ich sang Arien von Bizet oder Massenet). Kurz, ich nahm nicht wirklich Rücksicht darauf, und ich hatte nicht das Gefühl, etwas zu riskieren, indem ich *Die schöne Müllerin* von Schubert sang. Die Leitung des Cafés hatte mir auch von jiddischen Liedern abgeraten. Ich hatte verständnisvoll gelächelt, doch hatte es mich andererseits wirklich verärgert. Sorgsam schmuggelte ich so in mein Programm jedes Mal, wenn ich es konnte, irgendetwas Jüdisches ein, ein Wort, einen Namen, was natürlich unbemerkt blieb.

Eines Abends kam jemand nach dem Konzert zu mir, um mir zu mitzuteilen, dass eine Gruppe deutscher Offiziere mich gehört hätte und der General die Sängerin zu sprechen wünsche.

Meine erste Reaktion war, abzulehnen. Reines Entsetzen befiel mich. Solange die Musik und die Bühne zwischen ihnen und mir standen, fühlte ich mich geschützt. Doch jetzt wurden meine Knie auf einmal weich. Ich stammelte, ich müsse gehen, doch mein Bote gab mir zu verstehen, dass es sich nicht nur um einen Wunsch handelte. Es war ein Befehl.

In meinem Kopf lief alles durcheinander. Ich dachte an Schubert, an die Lieder, die ich gerade gesungen hatte, ich dachte an Bach, der Deutschland zu Fuß durchquert hatte, an Frau Panfiska, die mir immer sagte: »Atme! A-t-me!« Die Bedienung wartete auf mich. Ich atmete tief durch. Und schritt dann mutig voran, entschlossen, zu siegen. Was es da eigentlich zu siegen gab, hätte ich allerdings nur schwer sagen können.

Ich kam zum General. Er erhob sich. Ehrerbietig nahm er meine Hand in seine riesige Pranke und küsste sie. Ich beherrschte mich, sie nicht wegzuziehen und abzuwischen.

»Sie waren göttlich, Fräulein. Einfach gött-lich!«

»Danke«, murmelte ich.

»Und wir haben hier einen Kenner unter uns, einen Spezialisten! Ein Arzt, Fräulein, und zudem ein Musiker! Der Herr ist unser Vorkoster: wenn er lächelt, ist es gut, wenn es schlecht ist, fällt er tot um!«

Er lachte fett und bellend und zeigte hinter sich auf einen Mann, den ich im Halbdunkel nicht richtig erkennen konnte.

»Sehen Sie, dass er lächelt, Fräulein? Schauen Sie! Seit drei Tagen lächelt er! Sie müssen sehr gute Musik machen! Ich kenne mich da nicht besonders aus, aber ich liebe alles, was gut ist!«

Er brach von neuem in Lachen aus. Ich fühlte mich gezwungen, in die Richtung des Musiker-Arztes zu schauen.

Der Mann hatte den Kopf leicht geneigt, dennoch nahm ich seinen verträumten Blick wahr. Er lachte nicht wie die anderen über die Scherze des Offiziers, sondern es lag ein seltsames und ernstes Lächeln auf seinem Gesicht. Der General fuhr fort:

»Und wer ist der Komponist dieser zauberhaften Musik?«

Da hatte ich eine Eingebung. Ich wurde von einem Geistesblitz getroffen.

»Es ist von Schubert, Herr General! Mit einem Text von Heinrich Heine, einem deutschen Juden.«

Sein Lächeln erstarrte. Seine fetten Lippen verzogen sich zu einer Grimasse.

»Ach so! Gut! Gut! Danke sehr, Fräulein! Danke.«

Schwerfällig setzte er sich wieder hin und gab mir zu verstehen, dass die Unterhaltung beendet war. Ich war berauscht vor Freude. Ich hatte gesiegt. Ge-siegt, ich war nicht »gött-lich«! Gegen den dicken niederträchtigen Deutschen, gegen alle niederträchtigen Deutschen. Ich musste gestrahlt haben, als ich um den Tisch herumging, denn ich gewahrte etwas weiter hinten einen Glanz in zwei Augen, die genauso blau waren wie meine eigenen. Ich glaube, dass ich im ersten Moment das Licht in diesen Augen für einen Reflex meiner eigenen Freude hielt. Erst später habe ich verstanden, dass dieses Licht aus den Augen eines Mannes stammte.

Dieser Typhus, der über uns herfiel, war eine der unzähligen Offenbarungen der deutschen Pervertiertheit. Es hatte geheißen, dass man eine Mauer gegen den Typhus errichten müsse, aber es ging ihnen eigentlich darum, dass sich die Krankheit umso sicherer im Innern des Ghettos ausbreiten sollte. Sie hatten diese Mauer mit Vorsatz gebaut. Als ich das begriff, war es ein echter Schock. Meine Begeisterung darüber, im *Britannia* zu singen, begann sich zu verflüchtigen.

Auf der Straße konnte man die Toten von nun an jeden Tag in Dutzenden zählen. Typhus und Hunger. Der eine arbeitete dem anderen in die Hand. Das Ghetto konnte seine Toten nicht mehr bestatten. Da man sie nicht im Haus behalten konnte, ließen die Leute sie auf dem Bürgersteig liegen und warteten darauf, dass die Fahrzeuge des Judenrats vorbeikämen und sie einsammelten. Manchmal blieben sie mehrere Tage so liegen, nackt, da die Lebenden die Kleidungsstücke an sich nahmen, nur mit Zeitungspapier bedeckt, das mit Backsteinen beschwert wurde, um zu verhindern, dass es wegflog. Manchmal ragte eine Hand hervor. Im Vorbeigehen versuchten manche Passanten sie mit der Schuhspitze unter das Zeitungspapier zurückzuschieben, doch der Arm war steif, und die Hand kam jedes Mal wieder hervor, als hätte sie im Innern eine Sprungfeder.

Diese Zeit war eine der schwärzesten meines Lebens im Ghetto. Ich hörte auf ins *Britannia* zu gehen. Meine Mutter lag im Sterben. Sie starb Ende Mai.

Wir konnten sie auf dem jüdischen Friedhof begraben, in dem

Grab ihres Vaters, wie sie es gewünscht hatte. Der Rabbiner Eisenstajn und seine Frau haben uns auf den Friedhof begleitet. Der Holzsarg lag auf einem Handkarren, der von zwei Angestellten des Bestattungsinstituts gezogen wurde und die Spitze des Zuges bildete. Auf dem Weg hat sich Reb Eisenstajn drei oder vier Mal gebückt, um einige Gräser zu pflücken, die zwischen den Pflastersteinen wuchsen. Als wir auf dem Friedhof ankamen, warf er eine Handvoll Zichorien und Windhafer auf den Sarg und sagte dabei: »Und die in der Stadt werden wachsen und blühen wie das Gras auf den Feldern.«

In dem Moment, als man den Sarg in die Tiefe des Lochs herunterließ, verkantete er sich und blieb stecken, Papa und Reb Eisenstajn mussten helfen, ihn zu befreien. Als wir zurückkehrten, regnete es in Strömen, es war ein eisiger, durchdringender Regen. Papa zog seine Jacke aus, legte sie mir um die Schultern und ließ sie nicht mehr los, als wolle er verhindern, dass sie durch mein heftiges Schluchzen herunterglitt. Celia lief ernst an der Hand ihrer Mutter. Beim Abschied umarmte sie mich. Ich sah ihren dunklen und glänzenden Blick, der mich durchdrang. In diesem Augenblick war ich mir nicht mehr sicher, ob ich diese Augen wirklich mochte. Es war das letzte Mal, dass ich Celia umarmte.

Mama war nicht mehr da. Ich war wie betäubt und verstört. Wir fühlten uns verloren, mal bemühten wir uns, unser Leiden nicht zu zeigen, um es dem anderen nicht auch noch aufzubürden, dann wieder schluchzte einer heftig in den Armen des anderen.

Mein Vater litt aus tiefster Seele. Ein abgrundtiefes Leiden, ein unglaublicher Kummer, dessen ich einen Erwachsenen nicht für fähig gehalten hatte. Nachts hörte ich ihn einsam in seinem Bett weinen, und das brach mir fast ein weiteres Mal das Herz. Ich musste ihn unterstützten, ihm nahe sein, tagelang suchte er mich jeden Moment mit den Augen. Wenn wir nebeneinander gingen, musste ich meinen Arm eng gegen seinen drücken, er legte seine Hand auf meine, als ob er Angst hatte, ich würde verschwinden. Sein Leid überwältigte und erschütterte mich. Es war mir, als würde ich meine verstorbene Mutter jetzt noch mehr lieben.

Gleichzeitig musste Jakob getröstet werden, und auch Isaak, der schwer krank geworden war, brauchte Pflege. Er hatte Durchfall und krümmte sich vor Schmerzen. Eine Art Skorbut, sagte Doktor Weisfeld, aufgrund der schlechten Ernährung und des Vitaminmangels. Wir mussten unbedingt irgendwo Obst auftreiben. Im Ghetto war das unmöglich. Alles war rationiert, und es fehlte vor allem an frischen Produkten. Es war dringend, mit Isaak ging es von Stunde zu Stunde bergab. Drei Tage nachdem wir meine Mutter begraben hatten, dachten wir, dass auch Isaak sterben würde. Ich hielt ihn einen Vormittag lang in meinen Armen und streichelte dabei sein Gesicht, wie Mama es früher bei mir getan hatte. Ich hielt seinen kleinen, von Schmerzen gepeinigten Körper an mich gedrückt und sagte mir, dass man nicht in dem Armen eines Menschen sterben konnte, der einen liebte. Großmutter Ewa ging und kam, dabei psalmodierte sie irgendeines ihrer Gebete. Und dann kam Jerzy plötzlich mit Zitronen an. Damals haben wir ihn nicht einmal gefragt, woher sie kamen. Es war ein Wunder. Großmutter gab Isaak Wasser mit Zitrone und einem Stück Zucker zu trinken. Jede Viertelstunde bekam mein kleiner Bruder sein Zitronenwasser. Er hörte auf zu weinen. Am selben Abend war sein kleines Gesicht wieder erkennbar. Wenngleich abgemagert, hatten sich seine Züge doch etwas gerundet. Am nächsten Morgen lachte er bereits, er war gerettet.

Erst zu diesem Zeitpunkt fragte Bronka Jerzy, wo er die Zitronen besorgt hatte.

»Ein Freund, Arele. Er lebt auf der Straße, er ist zehn Jahre alt. Es ist eine ganze Bande, die durch die Löcher in der Mauer schlüpft, um sich auf der anderen Seite etwas zu essen zu beschaffen. Arele ernährt seine Familie auf diese Weise. Ein Herz aus Gold. Als ich ihm erzählt habe, was mit Isaak passiert ist, hat er zu mir gesagt: ›In einer Stunde bin ich wieder hier, mit Zitronen.‹ Und er hat Wort gehalten.«

Obwohl mein Vater darauf bestand, sich bei ihm selber zu bedanken, wollte Arele niemals vorbeikommen, sich nicht einmal zeigen. »So ist er«, sagte Jerzy, »ein echter Wildfang. Ich weiß nicht recht, warum er dich nicht treffen will, Henryk, aber mein Eindruck ist, dass er niemandem etwas schuldig sein will, und er möchte auch nicht, dass man sich ihm gegenüber schuldig fühlt.«

Arele blieb eine sagenhafte Gestalt, ein wunderbarer Junge, den wir uns nur inmitten der immer zahlreicheren Kinderbanden vorstellen konnten, die die Mauer passierten, um Nahrungsmittel zu stibitzen. Ein kleiner Elf, dem wir kein Gesicht geben konnten, der aber auf seine Weise zur Familie gehörte.

Als dann Jerzy einige Wochen nach dieser Episode mit leichenblassem Gesicht nach Hause kam und nur den Namen Arele stammelte, fragte ich ihn mit derselben Furcht aus, als wenn es sich um meinen Bruder gehandelt hätte.

Jerzy hatte Schreie gehört und war dorthin geeilt. Arele war in der Mauer steckengeblieben, nur seine Schultern und sein Kopf schauten aus dem Loch. Er rief um Hilfe. Sein Körper war eingeklemmt, da er um den Gürtel herum mit Nahrungsmitteln bepackt war. Jerzy wollte zu ihm hingehen, aber dann sah er drei Soldaten, die herbeirannten und mit ihren Kolben auf den Kopf des Jungen einschlugen. Er brüllte:

»Hört auf!«

Arele hatte schon aufgehört zu schreien. Einer der Soldaten hatte sich umgedreht und sein Gewehr auf Jerzy gerichtet. Areles Kopf hing herunter, leblos, blutüberströmt.

In dieser Zeit lebte ich wie ein Geist, ich nahm die Welt nicht wahr. Anstatt wieder zu mir zu kommen, vergrub ich mich in die Schichten der unheilvollen Vorfälle, die Schlag um Schlag über uns hereinbrachen. Ich war wie jemand, der tief schläft, um nichts sehen oder wissen zu müssen. Ich war von einer neuen Empfindung überwältigt: Jeder dieser Tode bedeutete nicht nur einen einzelnen Tod, den von Mama, von Arele, sondern auch einen allgemeinen, kollektiven. Unseren Tod. Den Tod von uns allen, die wir hier im Ghetto lebten.

Rückblickend glaube ich, dass ich das Grauen unserer Realität immer dann gespürt habe, wenn es einen Nahestehenden betraf. Die Auslöschung meines ganzen Volkes war zunächst die jedes einzelnen als Individuum. Wie soll ich es ausdrücken? Es waren nicht so sehr die Kadaver, die man auf der Straße sah, die so entsetzlich waren. Es war die Tatsache, zu entdecken, dass der Kadaver, auf den man stieß, der eines Freundes, eines Verwandten war. Die Tatsache, dass es möglich wurde, jeden Tag eine solche Entdeckung zu machen; in jeder Minute unseres Lebens zu erfahren, dass ein Vater, eine Schwester, eine ganze Familie gerade inhaftiert, abtransportiert, getötet worden war.

Ich lungerte ganze Stunden wie ein Schatten im Wohnhaus herum, saß auf einer Treppenstufe, den Blick ins Leere gerichtet, und versuchte abwechselnd, nicht zu denken und in hohem Tempo zu denken. Das machte meine Großmutter wütend. Sie schüttelte mich, sie mochte es gar nicht, mich in diesem Zustand zu sehen.

»Du willst nicht mehr singen. Das kann ich verstehen! Obwohl … Na, das kommt wieder. Das vergeht nicht! Zum Glück … Aber du darfst nicht einfach so herumhängen und nichts tun!«

»Aber Großmutter, ich denke nach, das ist alles; ich habe ein Recht darauf, ich störe niemanden …«

»Du bist mir im Weg! Ich habe mit den Jungen genug zu tun, da kann ich nicht auch noch ein Mädchen am Hals haben, das in einem depressiven Zustand ist!«

Ich ging murrend hinunter in den Hof. Jerzy las, wie immer. Er war mir keinerlei Hilfe. Manchmal versuchte ich ihn zu unterbrechen. Er antwortete mir immer freundlich, aber eben wie jemand, der in seiner Lektüre gestört wird und es eilig hat, weiterzulesen. Dennoch war er es, der mir eines Tages sagte:

»Luna, du solltest wieder singen. Es ist wirklich dumm, so weiterzumachen, ohne etwas zu tun.«

Aha, er sah mich also doch! Das freute mich sehr. Wir hatten nicht mehr miteinander gesprochen, seit wir zusammen um Arele geweint hatten. Jerzy hatte seine eigene Art, sein Leid zu leben. Er tat es durch seine Bücher, die für ihn ein wunderbarer Zufluchtsort waren. In diesem Augenblick erinnerte er mich einfach daran, dass auch ich eine wunderbare Rückzugsmöglichkeit hatte, und dass ich vergessen hatte, mich ihrer zu bedienen. Ich fing wieder an, morgens meine Vokalisen zu üben. Und während ich – es war im Sommer 1941 – diese Übungen machte, ereignete sich etwas.

Es war Anfang Juli und es war sehr heiß. Wir lebten Tag und Nacht mit weit geöffneten Fenstern, um etwas Luft zu bekommen.

Ich hatte also wieder mit dem Singen angefangen. Ich war überhaupt nicht vorsichtig, weder was das zu laute Singen betraf, noch die Gefahr, dass man mich sah. Einmal hatte die Frau des Rabbiners, die die Treppe hinaufstieg, bei uns eine Pause gemacht und zu meiner Großmutter gesagt:

»Frau Wilter, Lula sollte doch lieber nicht so laut singen …«

Großmutter war in Lachen ausgebrochen:

»Liebe Freundin, wen soll sie Ihrer Meinung nach denn wecken?«

Die Frau des Rabbiners musste das für einen schlechten Witz gehalten haben, denn sie antwortete nicht. Es stimmte, unser Wohnblock hatte sich seit der Errichtung des Ghettos zur Hälfte geleert.

Der ganzen Familie Goldflamm war es mit fünf Personen gelungen, in die Schweiz zu einem Verwandten zu gelangen, drei Personen waren an Typhus gestorben, darunter meine Mutter. Der Pförtner und seine Frau, beide waren Polen, lebten nicht mehr in diesem Teil Warschaus, und die Loge stand leer.

Unsere Straße, die Siena-Straße, lag an der Grenze zum arischen Teil, und es kam vor, dass Deutsche auf der »arischen Seite« an der Mauer entlanggingen. Von meinem vierten Stock aus konnte ich sie sehen. Vor allem sahen sie mich. So hatte ich die beiden Soldaten in Uniform bemerkt, die manchmal unter meinen Fenstern morgens vorbeiliefen, wenn ich sang. Einer von ihnen trug seine Mütze immer in der Hand. Als ob er sich schämt, dachte ich. Der andere aber trug sie stolz zur Schau. Das hatte mich neugierig gemacht.

Eines Tages versteckte ich mich im Dunkel der Küche. Bald hörte ich den Lärm ihrer Stiefel auf dem Pflaster. Ich sah sie von Weitem, doch als sie näherkamen, blieb einer von ihnen ein wenig zurück. Es schien mir, als ob er besorgte Blicke zu unserem Wohnblock hinaufwarf. In dem Moment, als sie auf der Höhe unserer Tür waren, fing ich an, lauthals die Arie aus *Carmen* »Die Liebe ist ein Kind der Bohème« zu singen und trat plötzlich aus dem Schatten hervor. Da sah ich, wie der Deutsche rasch seine Mütze abnahm. Das hat mir viel Spaß gemacht. Im Verlauf habe ich keine Gelegenheit ausgelassen, mich über diesen armen Soldaten lustig zu machen, der sich seiner Uniform anscheinend schämte.

Meine Großmutter machte mir Vorhaltungen:

»Wenn es stimmt, was du erzählst, hast du dich nicht über ihn lustig zu machen noch ihn zu verhöhnen. Du bist wirklich zu dumm! Du weißt nicht, wie ein Deutscher reagieren kann, wenn er sich gedemütigt fühlt. Wenn sich dieser Soldat wirklich seiner Uniform schämt – woran ich, mit Verlaub, zweifle – so würde das bedeuten, dass doch noch Menschlichkeit existiert, und das wäre eine gute Sache!«

Seltsamerweise erschien der Soldat nach dieser Episode nicht wieder. Es war ein anderes Tandem, das von da an vorbeiging, und ich war ein wenig enttäuscht. Mein Vergnügen hatte ein Ende.

Der September zog sich hin. Die Deutschen hatten gerade wieder den Grund- und Fachschulunterricht erlaubt. Das war eine geschickte Maßnahme, die den Anschein von Normalität des Lebens im Ghetto vermitteln und rebellische Gemüter warnen sollte. Jakob und ich konnten, wenn wir wollten, wieder zur Schule gehen. Ich hatte überhaupt keine Lust. Jakob ging mit Begeisterung in eine Klasse, die von einer Mutter in einer Wohnung in der Nachbarschaft organisiert worden war.

An einem Regentag, als ich schlecht gelaunt in der Wohnung herumlungerte, sagte Großmutter Ewa zu mir:

»Geh doch mal zum Judenrat, ich habe sagen hören, das es eine Kunstgewerbeschule gibt, die von den Deutschen genehmigt worden ist. Los, erkundige dich, komm ein wenig in die Gänge!«

»Was soll ich denn deiner Meinung nach in einer Kunstgewerbeschule?«

»Man lernt dort alles Mögliche, was dir nützlich sein könnte und was dich auf jeden Fall ablenken wird. Man sagt, dass dort Unterricht in Grafik, Uhrmacherei, Zeichnen, Schminken gegeben wird. Geh, los, beweg dich!«

So kam es, dass ich mich für den Schminkkurs eingeschrieben habe. In dem Zustand, in dem wir uns alle befanden, in dem ich mich befand, war das ein absurdes Unterfangen: lernen, wie man sich schön macht!

Der Unterricht fand nicht in der Schule selber statt, sondern in den Räumen eines Schminkateliers in der Prosta-Straße. Wir wa-

65

ren nicht sehr viele, ungefähr zwanzig, fast nur Mädchen aus eher gehobeneren Schichten. Ich war, zusammen mit einer gewissen Rosa, die zwei Jahre älter war als ich, eine Ausnahme und schloss mich ihr sofort an. Doch nebenan in der Fabrik waren ungefähr hundert Arbeiterinnen zwölf Stunden pro Tag mit dem Verpacken von Lippenstiften, Puder und Rouge beschäftigt. Die Atmosphäre war eher seltsam, denn die Frauen arbeiteten im Auftrag der Deutschen, und von uns nebenan wurde verlangt, dass wir lernten, uns ganz und gar zu unserem persönlichen Vergnügen zu schminken! Das hat nicht lange angehalten. Nach einem Monat habe ich diesen Unterricht aufgegeben, der mich kaum interessierte. Immerhin war er ein Intermezzo, das mir ermöglicht hatte, wieder Tritt zu fassen. Vor allem hatte ich dort das Glück, Rosa zu begegnen.

Rosa kam aus einem Dorf aus der Umgebung von Warschau. Sie war mit ihren Eltern, ihrer Großmutter, ihrer kleinen Schwester und allen Juden ihres Dorfes von den Deutschen mit Gewalt abgeführt, im Februar im Ghetto eingetroffen. Seitdem kampierten sie dort mit tausenden anderen Juden, die von irgendwoher gekommen waren. Man konnte es nicht als »leben« bezeichnen. Nein, sie überlebten mehr schlecht als recht in verlassenen Gebäuden, den berüchtigten Übergabestellen, auf engstem Raum zusammengepfercht, ohne Sanitäranlagen, ohne eine einzige Möglichkeit, sich zu waschen. Sie schliefen auf dem nackten Fußboden, und ihre einzige Nahrung war eine Suppe, die von dem Judenrat einmal am Tag verteilt wurde. Im Winter liefen nachts überall die Ratten herum, kletterten auf die Strohsäcke, und ein eisiger Wind pfiff durch die scheibenlosen Fenster.

Von dieser entsetzlichen Kulisse hob sich Rosas natürliche Würde wie eine frische Farbnote ab. Ihre Eltern hatten sich geweigert, unterzugehen. Als sie ihr Dorf verließen, hatten sie in ihren Sachen Kartoffeln und Kasch verstecken können. Dadurch hatte ihre Familie überlebt. Sie hatten sich einen kleinen Winkel organisiert, den Rosa und ihre Mutter mit Hartnäckigkeit sauberhielten, und sie begaben sich täglich zu dem Brunnen im Hof eines benachbarten Wohnblocks, um sich zu waschen. Rosa hatte von den Schminkkursen erzählen hören und sich eingeschrieben, um den Umständen etwas entgegenzusetzen. Ohne jemandem davon zu erzählen, kam sie weiter demütig ihrer täglichen Aufgabe nach: Das Stück Brot und die Handvoll Mehl zu finden, die es ihrer kleinen Schwester und ihrer Großmutter ermöglichten, nicht vor Hunger zu sterben.

Von unserer ersten Begegnung an pflegten wir einen tiefen und offenen Austausch. Rosa sprach mutig und ungeschminkt von unserem Alltag. Ihre Empörung hatte keine destruktive Note. Im Gegenteil, sie bündelte all ihre Lebenskräfte und verstand sich als Hoffnungsstifterin. Die Hoffnung, die sie Tag für Tag kultivierte und in die sie mich einführte, hieß ganz einfach: zu kämpfen. Es war die Hoffnung, eines Tages eine Situation herbeizuführen, in der die Juden den Deutschen mit Waffen in der Hand Widerstand leisten würden. Ich konnte es kaum glauben. Rosa erzählte gelassen vom Widerstand, und ich entdeckte, dass eine Alternative zu der reinen Dulderhaltung existierte.

Rosa war schön. Obwohl sie von den Entbehrungen gezeichnet war und trotz ihrer Magerkeit, obgleich die Knochen an den Schultern hervorstanden und die Wangen eingefallen waren, trug sie den Kopf mit absoluter Grazie, und ihre hohen Wangenknochen verliehen ihr einen Ausdruck, als würde sie auf ganz natürliche Weise lächeln. Vor allem konnte sie lachen. Es war ein kristallenes Lachen, das einen so echten Klang hatte, dass es zur Fröhlichkeit geradezu aufforderte. Ich war fasziniert. Rosa kam am Tag, nachdem ich die Schule verlassen hatte, zu uns nach Hause.

Mein Vater und meine Großmutter Ewa nahmen sie sofort mit offenen Armen auf. Sie erzählte uns nur ganz zurückhaltend von ihren eigenen Lebensbedingungen, ohne auch nur die geringste Hilfe außer dem bisschen »Überschuss« an Nahrungsmitteln anzunehmen, den meine Großmutter für ihre Familie abzweigte, wenn es möglich war.

Und dennoch war das Leben dieser Vertriebenen, die seit Beginn des Jahres unablässig herbeiströmten, mit dem, welches wir lebten, nicht zu vergleichen. Mit der Ankunft der Massen hatte sich der Typhus noch mehr ausgebreitet. Die Straßen waren überbevölkert und schienen schlimmer infiziert denn je. Und trotzdem hörte man in diesen ärmsten Vierteln mit Kindern, deren Bäuche vom Hunger aufgedunsen waren und die nicht einmal mehr die Kraft zum Betteln hatten, die manchmal langsam auf der Straße dahinstarben, immer ein Lachen, das irgendwo erklang. Rosa sagte mir, dass es dieses Lachen war, das ihr die Energie gab, fast jeden Tag zur Komitelwa- oder Krochmalna-Straße zu gehen, um den kleinen Bettlern zu helfen, indem sie sich einfach neben sie setzte und, wenn sie ihnen nichts anderes schenken konnte, ihren Kopf an ihre Brust drückte.

Und dann hat sie mich eines Tages mit dorthin genommen, in den Abgrund der Abgründe, wo schon alles verloren schien, damit ich dieses Lachen hörte. Dieses Lachen, das stärker ist als das Elend und der Tod, das den Tod anklagt, ihn entlarvt und mit dem Finger der Unschuld auf ihn zeigt. Heute erinnere ich mich an das Lachen der Kinder im Ghetto, und seine Gegenwart in meiner Erinnerung ist wie der Schaum auf dem Kamm einer Woge, die im Begriff ist, alles, was sich ihr in den Weg stellt, hinwegzufegen.

ROSA

Die Menschen brauchen Nahrung und menschliche Beziehungen zum Leben. Im Ghetto gab es keine Nahrungsmittel, und die menschlichen Beziehungen waren wie vergiftet und brachten unausgesetzt Gerüchte hervor. Wir ernährten uns mehr von Gerüchten als von Brot. Sie nahmen grauenerregende Ausmaße an. Sie blähten die Gedanken und Vorstellungen auf, ließen sie ins Kraut schießen und verrückt spielen. In jenem Winter erzählte man sich, dass die Juden in Chelmno in Lastwagen vergast wurden. Als ich das zum ersten Mal hörte, habe ich es nicht begriffen. Die Leute sagten so viele Dinge. Das Schlimmste war immer das Kommende. Es sich vorzustellen bedeutete, dass man auf jeden Fall mit einer Zukunft rechnen konnte. Wenn man sich gar nichts vorstellte, gab es keine Zukunft. Manchmal fragte ich mich, was schlimmer war, der Tod oder die Angst? Ich glaube, ich wusste in meinem tiefsten Innern bereits, dass es einen dritten Weg gab.

Ich fragte meinen Vater, was »vergast werden« bedeutete und was da mit einem im Lastwagen vor sich ging. Er antwortete, ich solle nicht auf das hören, was die Leute sagten, sondern lieber auf ihn, und zu lernen, meine Ohren gegenüber dem Tratsch zu verschließen. Ich vertraute ihm blind. Wir konnten unter noch so schrecklichen Bedingungen leben und an Dinge denken, an die Kinder nicht denken, unsere Unschuld war unversehrt geblieben. Wir waren bereit zu glauben, dass das alles bald zu Ende gehen würde, dass wir bald wieder genügend zu essen und wieder Ferien hätten, dass wir sehen könnten, wie die Bäume, die Blumen, die Felder wieder grün würden. Es war völlig unwahrscheinlich, an solche Dinge zu glauben, sie waren so weit von der Wirklichkeit entfernt. Aber dieser Glaube hat mich gerettet.

Wir konnten gar nicht einschätzen, was wir da durchlebten. Ein Übermaß an Härten und Schrecken. Doch es war, als schaute man ein Schwarzweißfoto an: Die Intensität der Schwarz- und Grautöne zeigt, dass Farbe existiert.

So war es mit unserem Leben: Es war von absoluter Schwärze, aber wir erkannten darin Umrisse, Reliefs, Empfindungen. Farben. Gleichwohl war es ein Leben. Unser Leben. Ich habe es nur in den Augen der anderen als untragbar wahrgenommen.

Dass wir ein unerträgliches Spektakel boten, entdeckte ich in dem Blick eines Polen, der eines Abends im Januar 1942 zu uns kam. Es war eiskalt im Haus, wir hatten keine Kohlen mehr, ich trug drei Pullover übereinander und eine dicke löchrige Strumpfhose unter meinem Rock. Der Mann kam mit meinem Vater zusammen, er zeichnete sich scharf im Türrahmen ab, die Schultern mit Schneeflocken bedeckt, er war groß und gut gekleidet. Dass heißt normal gekleidet, mit warmen, nicht zerrissenen Kleidungstücken. Er gab meiner Großmutter einen Sack mit zwei Decken, Mehl und Kartoffeln. Während meine Großmutter Ewa sich daran machte, aus dem Mehl Nudeln herzustellen, blieb er still sitzen.

Wie soll man seinen Blick beschreiben? Ein Blick, der lieber nicht gesehen hätte, was er gerade sah. Entsetzt, angsterfüllt, mitleidig, ein Blick, aus dem Fassungslosigkeit sprach. So etwas konnte es also geben? Diese leise bettelnden Kinder auf dem Bürgersteig, diese fünf Jahre alten Waisenkinder, die geräuschlos unter den Augen der Vorübergehenden starben, die zu sehr damit beschäftigt waren, sich etwas zum Überleben zu beschaffen, um eine Hand nach ihnen auszustrecken, ihnen eine Liebkosung zu schenken.

Diese gefrorenen, an einer Kreuzung aufgestapelten Kadaver, über die man einfach wie über einen Haufen Bauschutt sprang.

An jenem Abend las ich in seinen Augen, dass unser Leben diese Bezeichnung nicht verdiente. Dass niemand so leben konnte. Dieser Blick gehört mit zu dem, was mich dazu gebracht hat, zu kämpfen. Um ihm nicht mehr zu begegnen, ihn niemals mehr auf mir zu spüren. Später habe ich erfahren, dass dieser Mann zum polnischen Widerstand gehörte und dass er heimlich ins Ghetto eingeschleust worden war, um vor den Augen der Welt Zeugnis ablegen zu können. Er hieß Wladek.

Ich weiß nicht, was Wladek mit Worten hat sagen können. Sicherlich nichts; wahrscheinlich ließ sich mit Worten nichts darüber sagen. Der Beweis dafür ist, dass die Welt es nicht gehört hat.

Im Februar 1942 kam Wladek wieder. Er sagte, dass es eine Möglichkeit gäbe, uns Kinder hinauszubringen, einen Weg über die Müllwagen, die täglich die »arischen« Abfälle des Ghettos abtransportierten. Er hatte auf diese Weise schon mehrere Kinder nach draußen gebracht. Jakob und ich lehnten ab. Wir wollten zusammenbleiben. Und mein Vater drängte uns nicht.

An jenem Abend hatte Wladek geräucherten Fisch und Perlgraupen mitgebracht. Es wurde ein Festessen. Ziemlich schnell drehte sich das Gespräch um die Organisation des Widerstands. Jerzy und ich hörten mit leidenschaftlicher Aufmerksamkeit zu. Mein Vater war wie auch die Leute vom Bund dafür, abzuwarten, bis der Schulterschluss mit allen polnischen Sozialisten auf nationaler Ebene erfolgt sei, ehe man zum bewaffneten Kampf schritt. Wladek versuchte, ihm das auszureden.

»Nein, Henryk, ihr solltet nichts von draußen erwarten ...«

Die Diskussion hielt an, meine Großmutter hatte den Tisch abgedeckt und Isaak ins Bett gebracht. Die Ellenbogen auf den Tisch gestützt, hörte ich Wladek wiederholen, die sozialistische Internationale sei durch den Krieg zerschlagen worden, die Juden sollten sich auf ihre eigenen Kräfte verlassen und sich keinen Illusionen hingeben. Mein Vater schien nichts zu hören.

»Wir müssen die Solidarität mit unseren polnischen Kameraden erhalten. Ich habe einen Eisenbahner gekannt, Antek, ein Pole, ein Sozialist. Ich habe überhaupt keine Zweifel, was diesen Kameraden betrifft; er wird uns helfen. Wladek, du musst gehen und ihn für mich finden. Wir waren Freunde ...«

»Ihr seid es nicht mehr.«

Wladek hatte diese Worte mit lauter, fast harter Stimme ausgesprochen. Mein Vater betrachtete ihn sprachlos, als verstünde er ihn nicht. Wladek donnerte:

»Weder Antek noch Mietek, noch Lolek, noch die anderen!«

Mein Vater zog die Stirn in einer Art schmerzhaften Grimasse in Falten.

»Du kennst Antek Mewcki und Lolek ... ?«

»Szladowski und auch deinen Freund Mietek Petriwski. Ja, Henryk, ich kenne sie und auch noch andere, von denen du glaubtest, sie seien deine Freunde, und die es nicht mehr sind. Ihr müsst euch das merken, ihr anderen Juden. Heute sind die Polen, ganz gleich, ob sie Konservative oder Sozialisten sind, in erster Linie Polen. Deine früheren Freunde werden mit dir nicht gegen die Deutschen zu den Waffen greifen. Die übergroße Mehrzahl von ihnen wird es ablehnen, dich zu verstecken, wenn es dir durch ein Wunder gelingt zu flüchten. Ihr seid allein, Henryk!«

Der Blick meines Vaters verdüsterte sich.

»Woher kennst du sie?«

Wladek zuckte mit den Schultern, um zu zeigen, dass Einzelheiten hier wenig zur Sache taten.

»Sie gehören zu derselben Organisation wie ich. Doch sie werden euch nicht helfen! Wir sind eine winzige Minderheit, die euch helfen will, ihr müsst das annehmen, was wir euch vorschlagen. Die Flucht, wenn sie möglich ist. Waffen, vielleicht. Aber erwartet keinen Schulterschluss seitens eurer polnischen Freunde. Im besten Fall sind sie nicht mehr eure Freunde. Im schlimmsten sind sie es nie gewesen.«

Wladek war aufgestanden und hatte seinen Mantel angezogen. Er streckte die Hand aus.

»Gut. Was Lula und Jakob betrifft ... Seid ihr sicher?«

Mein Vater befragte uns mit den Augen, dann sagte er langsam:

»Ja. Wir sind sicher.«

Wladek machte einen Schritt zur Tür hin.

»Viel Glück. Wenn ihr etwas braucht ...«

Er ließ ein winzig kleines Stück Papier in die Hand meines Vaters gleiten.

»Unter dieser Adresse weiß man, wo man mich findet ...«

Er stand schon auf der Türschwelle. Da sagte mein Vater plötzlich:

»Warte ... Da ist eine Kleine ... Jedzia. Ich komme gleich wieder.«

Einen Augenblick später kam er mit unserer kleinen achtjährigen Nachbarstochter und ihrer Mutter zurück. Wladek kniete sich hin, umarmte sie und sprach lange mit einer Zärtlichkeit zu ihr, die mich unendlich berührte. Die Tränen liefen ununterbrochen über das Gesicht ihrer Mutter, doch sie schien es nicht zu bemerken. Die Kleine hörte mit großer Ernsthaftigkeit Wladeks Ratschlägen zu, ihre beiden schwarzen Zöpfe waren auf ihrem Kopf mit einer grünen Schleife zusammengebunden.

Jedzia kam, in einem Müllwagen versteckt, am 13. Februar 1942 vor Tagesanbruch aus dem Ghetto heraus. Wir verabschiedeten uns am Vorabend von ihr, ehe wir schlafen gingen. Jedzia wurde gerettet. Sie hat ihre Mutter nie wiedergesehen, die von den Wirren hinweggerafft wurde.

Ab Jahresbeginn überstürzten sich die Ereignisse. Die Festnahmen wegen unberechtigten Überschreitens der Grenze zur arischen Seite häuften sich, gefolgt von öffentlichen Hinrichtungen, die unter der Bevölkerung Panik auslösten. Die Straßen waren regelmäßig Schauplatz blutiger Schlächtereien. Ständig schossen die Deutschen ohne den geringsten Grund auf die Juden. Mein Vater verbot uns, ohne ihn auf die Straße zu gehen, aber zu Hause starben wir vor Angst, wenn sie sich die Zeit damit vertrieben, auf die Fenster zu zielen. Die Zeiten, als ich lauthals für die Passanten gesungen hatte, lagen ziemlich lange zurück!

Abend für Abend war es dasselbe: War die Dunkelheit angebrochen und mit ihr die Sperrstunde, kletterten die Leute über die Bretterzäune, die die Innenhöfe voneinander trennten, schlängelten sich durch die engen Durchgänge zwischen den Häusern hindurch, um sich zu treffen. Jemand ergriff das Wort, die Ohren wurden gespitzt. Bei Nacht waren die Gesichter weiß wie Kreide.

Häufig holte ich mit Jerzy und meinem Vater Erkundigungen ein. In Wirklichkeit war er es, der als Mitglied des Judenrats neue Informationen weiterzugeben versuchte. Auf ihn richteten sich alle Erwartungen, die er im Rahmen seiner Möglichkeiten zu erfüllen versuchte.

Mein Vater hatte von Anfang an begriffen, dass der Judenrat für die Deutschen nichts weiter als ein Übermittlungsapparat gegenüber den Juden war. Er hatte seine völlige Machtlosigkeit eingesehen und war drauf und dran gewesen, seinen Rücktritt zu erklären. Und doch hatte er es nicht getan, da er sich sagte, dass, auch wenn die Institution als solche problematisch war, jeder Einzelne, der ihr angehörte, versuchen konnte, das Schicksal der Juden im Ghetto zu erleichtern. Das war auch die Einstellung unseres Freundes Ysroel.

Mein Vater war die Ehrlichkeit selbst. Im Allgemeinen sagte er die Wahrheit mit einem solchen Nachdruck, dass man sofort Vertrauen empfand. Doch eines Tages entdeckte ich während einer Informationsversammlung in einem Mülltonnenraum, dass er auch lügen konnte.

An jenem Tag hatte gerade eine Patrouille der Gestapo fünf Leute getötet, indem sie durch die Fenster schoss. Eine entsetzte Beobachterin der Szene erkundigte sich mit zitternder Stimme bei meinen Vater:

»Sagen Sie, Herr Wilter, das wird doch nicht so weitergehen, nicht wahr? Sie haben mit dem Maschinengewehr geschossen. Durch die Fenster ... ich habe gedacht, auch meine ... Sie werden uns alle töten ... Das ist doch nicht möglich, Herr Wilter, ihr anderen werdet das doch verhindern?«

Die arme Frau hatte einen verwirrten Blick. Mein Vater legte seine Hand auf ihre Schulter und antwortete leise:

»Machen Sie sich keine Sorgen, Frau Fleischman. Es wird besser werden, die Situation wird sich verbessern ... Ich verspreche es Ihnen, Frau Fleischman.«

Er log.

Aber ich hatte in den Augen der Frau gesehen, dass sie nicht in dem Zustand war, etwas anderes aufzunehmen.

Eines Abends, als wir gerade mit dem Essen fertig waren, wurde leise an unsere Tür geklopft. Papa stand eilig auf, ging hinaus und begann auf dem Flur mit einem Mann zu flüstern. Wir konnten es uns trotz des gezwungenen Geplappers von Großmutter Ewa nicht verkneifen, ihnen zuzuhören. Die Stimmen entfernten sich einige Schritte in Richtung der unteren Etage, doch ich hörte meinen Vater deutlich ausrufen:

»Stacheldraht!«

Der andere flüsterte, noch leiser:

»Fünftausend Meter Stacheldraht, hergestellt von unseren Werkstätten ...«

Er sagte noch etwas, was ich aber nicht verstand. Danach vernahm ich einen Ausruf der Wut und der Verzweiflung, der von meinem Vater stammte. Dann sagte der Mann:

»Aber du weißt, welchen Preis man zu bezahlen hat, wenn man sich den Deutschen widersetzt ...«

Mein Vater murmelte noch einige Worte, mit derselben erstickten Stimme. Es trat eine Stille ein, ich hörte nur sein erregtes Atmen. Dann sagte der Mann, jetzt wieder laut:

»Ich auch, Henryk.«

Und ich hörte, wie er unsere Treppe hinunterging. Mein Vater muss noch einige Augenblicke im Dunkel des Hausflurs stehengeblieben sein, dann öffnete er die Tür.

Ich hatte aus den Bruchstücken der Unterhaltung nichts begriffen. Aber etwas in seinem Gesicht hatte sich verändert, als er wieder zu uns kam. Seine besorgten Züge hatten sich noch mehr vertieft, sie hatten sich verhärtet. Er sank schwerfällig auf einen Stuhl und blieb den Rest des Abends über schweigsam.

Wusste er schon, als er die armen Leute beruhigte, die kamen und um ein Wort der Hoffnung flehten, dass seine Tage im Judenrat gezählt waren, dass er sich nicht mehr lange unter Menschen würde halten können, an deren Machenschaften er sich jeden Tag mehr stieß? Er wusste es zweifellos. Um diese Zeit nahm er mich eines Tages beiseite.

»Luna, ich werde den Judenrat verlassen.«

» ... «

»Ich kann die anderen nicht länger anlügen und versuchen, sie zu beruhigen. Und unterdessen lüge ich mir selber etwas vor, indem ich so tue, als ob es gelingt.«

Ich zuckte mit den Schultern. Auch mir hatte der Judenrat immer Misstrauen eingeflößt.

»Natürlich! Ich frage mich nur, warum du dort überhaupt so lange geblieben bist ...«

»Weil ich am Anfang wirklich geglaubt habe – vielleicht war es dumm und naiv, als ehrlicher Mensch, der ich bin –, ich könnte dadurch auf Entscheidungen einwirken und die Verantwortlichen in einer Richtung beeinflussen, die zu annehmbaren Lebensbedingungen für unsere Leute führt. Das war nicht der Fall. Wir haben uns alle von den Nazis zum Narren halten lassen. Sie hetzen uns gegeneinander auf. Sie benutzen uns, um ihre Ziele zu erreichen, und diese Ziele sind ...«

Er schwieg. Krampfhaft rang er die Hände, und ich sah, wie seine Fingerknöchel weiß wurden.

»... sind was?«

Er schaute ins Leere.

»Der Judenrat liefert den Deutschen Arbeiter, um Treblinka zu vergrößern ... und Stacheldraht, um das Lager abzuriegeln ... Ein sogenanntes Sammellager, das dazu bestimmt ist, die Juden in Richtung Osten ›umzusiedeln‹ ...«

»Und?«

»Das ergibt keinen Sinn, Juden in einem Lager zu sammeln, um sie weiter weg zu schicken ...«

Mein Vater war merkwürdig ruhig. Das Herz schlug mir bis zum Hals.

»Das heißt ...?«

»Das heißt, dass es ein Lager ist, in dem man stirbt.«

Es war das erste Mal, dass dieses Wort so klar ausgesprochen wurde. Ich empfand darüber eine Art Erleichterung. Das Wort war gefallen, schneidend wie ein Fallbeil. Im selben Moment hatte sich eine Spannung zwischen uns gelöst.

»Du wirst den Judenrat also verlassen?«

Er antwortete nicht. Ich betrachtete gerührt seinen hellgrauen, klaren Blick, seine von Entbehrungen und Schlafmangel leicht hervortretenden und geröteten Augen. Darüber lagen seine buschigen Augenbrauen und sein langes, widerspenstiges Haar, das immer aus der Reihe tanzte. In diesem Augenblick liebte ich ihn mit all meiner Kraft.

Er gab alles auf, woran er ernsthaft geglaubt hatte, und ich spürte, wie viel ihn dieses Aufgeben kosten musste. Ich ging auf ihn zu und umschlang seinen Hals mit meinen beiden Armen, wie ich es früher getan hatte, als ich klein war. Er küsste mein Handgelenk, dann nahm er es in seine große, knochige Hand und brummte: »Hmm … Du bist nicht gerade dick, was!«

Und er erhob sich.

Er hat mir nie ganz genau gesagt, was er wusste, wessen er sich sicher war: Dass die absolute Katastrophe unausweichlich war, dass wir auf sie zusteuerten, so sicher wie ein außer Kontrolle geratenes Auto auf den Abgrund. Ich glaube, dass er in jenem Moment das Schicksal kannte, das ihn erwartete, aber dass er sich instinktiv auf die geheimnisvolle Überlebenskraft der Jugend verließ, die mich retten würde.

Diese Gewissensfrage war für ihn eine echte Tragödie. Jetzt wusste er, welches Schicksal auf die gesamte jüdische Gemeinschaft von Warschau zukam. Er war nichts weiter als eine bedauernswerte Ameise innerhalb einer Einrichtung, die nur die Befehle der Deutschen weitergab. Und dennoch beschützte er als Angestellter des Judenrats theoretisch seine Familie. Nachdem er lange mit Ysroel gesprochen hatte, entschloss er sich schließlich, zu Tode betrübt, seinen Posten nicht aufzugeben.

Mit Beginn des Frühlings verstärkten sich die Razzien. Die Polizei fiel willkürlich über irgendein Viertel her, um sechzig, hundert, zweihundert Leute zusammenzutreiben, die direkt zum Umschlagplatz gebracht wurden, von wo aus die Züge abfuhren.

Eines Nachts wurden wir von wütendem Gegröle im Hof unseres Wohnblocks geweckt.

»Juden! Raus!«

Ich war vor Angst wie gelähmt. In einer Ecke unserer Küche hockend, konnte ich gut eine Hälfte unseres Hofes überblicken, erleuchtet durch das starke Licht eines Scheinwerfers. Mit Bestürzung sah ich, wie meine Nachbarn einer nach dem anderen, nur dürftig bekleidet, herauskamen und sich unter Kolbenhieben in Zweierreihen aufstellten.

Als der Rabbiner Eisenstajn, seine Frau und Celia, eine Hand auf den Kopf gelegt, in meinem Blickfeld auftauchten, begann mein Herz voll Wut zu schlagen. Mit der anderen Hand drückte Celia etwas an ihre Brust, ich erkannte nicht, was es war, doch als die SS es ihr entriss, stieß sie einen gellenden Schrei aus und erhielt einen Kolbenhieb auf die Schulter, sodass sie vornüber hinfiel. Ich fing leise zu weinen an, mein Vater drückte meinen Kopf an seine Brust, um mich daran zu hindern hinzuschauen.

Die Deutschen brüllten, dass sie heraufkämen und dass jeder Jude, den man in einer der Wohnungen fände, sofort erschossen würde. Jakob fing nun auch zu weinen an. Großmutter Ewa blieb mit undurchdringlichem Gesicht auf dem Bett sitzen. Ich schaute meinen Vater an. Sein Gesicht war angespannt, doch ohne sichtbare Furcht. Er begnügte sich damit, Jakobs Schulter zu streicheln und forderte uns mit einer Handbewegung auf, uns nicht zu rühren.

Drei Deutsche stürzten auf unser Treppenhaus zu. Ihre Stiefel hämmerten auf den Holzstufen. In jedem Stockwerk hörten wir die Türen schlagen, Gebrüll, Schreie und Schüsse. Über uns wurde ein Möbelstück rabiat weggerückt, das Geschrei einer Frau übertönte den Krach. Drei Schüsse waren zu hören. Das Geschrei verstummte.

Jakob drückte die Hände gegen seine Ohren. Ich schluchzte, mein Vater drückte mich stärker an sich. Die Schritte näherten sich, sie erreichten unsere Etage, das Blut rauschte in meinen Ohren, ich spürte, dass ich kurz davor war, bewusstlos zu werden. Die Schritte gingen weiter, die Treppe hinunter.

Die Deutschen brüllten wieder Befehle im Hof, und der Zug unserer unglücklichen Nachbarn setzte sich unter Hieben und Beschimpfungen in Bewegung. Danach herrschte Stille.

Großmutter Ewa machte sich daran, Tee aufzuwärmen, den sie mir in kleinen Schlucken zu trinken gab, dabei hielt sie mich auf dem Bett im Sitzen wie eine Stoffpuppe an sich gedrückt. Isaak war aufgewacht und weinte vor sich hin. Mein Vater beruhigte ihn leise. Dann stand er auf und sagte zu uns:

»Sie werden nicht wiederkommen. Ich muss mal für eine Weile weg. Mama, ich verlasse mich auf dich.«

Er öffnete die Tür und verschwand.

Im weiteren Verlauf erfuhren wir, dass im Gefängnis von Pawiak zwanzig Juden als Vergeltungsmaßnahme für eine terroristische Bedrohung aus dem Ghetto erschossen worden waren. Unter diesen zwanzig Juden war meine Freundin Celia.

Mein Vater kam am nächsten Tag nicht zurück. Auch nicht am übernächsten. Noch an den darauf folgenden. Zu Hause gab uns Großmutter zu verstehen, das man darüber nicht sprach. Weder über meinen Vater, noch über sein Verschwinden.

Sie verhielt sich merkwürdig, wenn ich sie ausfragte, heiter und zugleich entschlossen, zu schweigen, was mich ein wenig beruhigte, aber ebenso sehr auch in Unruhe versetzte. Ich begann zu glauben, dass mein Vater in einer Razzia gefangen genommen worden war, und dass sie es uns nicht sagen wollte. An dem Tag, an dem ich

ihr einfach die Frage stellte, antwortete sie in einem Ton, der keine weitere Entgegnung zuließ:
»Natürlich nicht, er ist nicht gefangengenommen worden!«
Ich begriff, dass ich vorerst nicht weiter insistieren durfte, und versank in Furcht. Eine Woche verging. Diese unerklärliche Abwesenheit stürzte mich in die unsinnigsten Mutmaßungen. Eine Zeit lang hegte ich sogar den verrückten Gedanken, dass er ein Verräter war, der unseren Wohnblock den Deutschen ausgeliefert hatte, damit seine Familie überlebte, und um für sich einen Passierschein zu ergattern, damit er auf die »christliche Seite« hinübergelangen konnte. Das alles war absurd, doch es bereitete mir großen Schmerz.

Ich begann also fieberhaft in meiner Erinnerung nach einem Bild, einem Detail zu suchen, das mir die Möglichkeit gab, diese Stille erträglicher zu machen, ihr einen annehmbaren Sinn zu geben. Und ich erinnerte mich tatsächlich. Es lag schon einige Zeit zurück, es handelte sich um ein unabsichtlich mitgehörtes Gespräch, eines Nachts.

Eigentlich sollten alle schlafen. Doch in der Küche wurde geflüstert. Der Ton meines Vaters wurde plötzlich lauter:
»Das ist Wahnsinn! Ich habe es dir schon gesagt, Yankel. Ich habe in der Versammlung gesagt, was ich davon halte. Eine zu schnelle Aktion wäre unverantwortlich. Wir sind im Ghetto wie in einem Käfig eingeschlossen. So lange wir nicht bereit sind, ist das Selbstmord!«

Mein Vater wandte sich an meinen Onkel Marian:
»Nun, Marian, du bist mit mir einig! Heute geht niemand im Ghetto das Risiko ein, zuzusehen wie seine ganze Familie, sein ganzes Viertel massakriert wird ... Wir müssen warten!«
»Ich weiß es selber nicht mehr, Henryk; ich weiß nicht mehr, was wir tun sollen«, sagte mein Onkel.

»Wenn wir zu lange warten, wird es zu spät sein, Henryk!«, brauste Yankel auf. »Alle Juden, hörst du, alle, ohne Ausnahme, sind dazu bestimmt, liquidiert zu werden. Li-qui-diert. Aus-ge-löscht! Sowohl die aus Warschau wie die aus Lodz und die aus Krakowitz oder Czestochowa!«

»Ich weiß es!«, brüllte mein Vater. »Und ich behaupte dennoch, dass man genügend Waffen braucht, bevor man handelt!«

Yankel schlug mit der Faust auf den Tisch.

»Wir können nicht warten! Treblinka ist kurz davor, in Betrieb zu gehen.«

Treblinka, diesen Namen hatte ich schon gehört. Yankel fuhr mit gedämpfter Stimme fort:

»Warten! Das ist Selbstmord, Henryk!«

Eine bedrückende Stille trat ein. Mein Vater schwieg ebenfalls, und sein Schweigen versetzte mich mehr in Angst als alles, was bis dahin gesagt worden war. Yankel sprach schließlich in verändertem Ton weiter:

»Lasst uns überall Öffnungen, Durchgänge in die Mauer brechen, lasst uns mit den Mitteln kämpfen, die wir jetzt haben ...«

Ich machte versehentlich ein Geräusch, und die Unterhaltung verstummte sofort. Yankel und mein Vater gingen hinaus auf den Hausflur. Mich halb aus unserem Schrankbett lehnend, hörte ich Yankel noch sagen:

»Henryk, ich bitte dich inständig: Komm zu einer unserer Versammlungen.«

»Vielleicht ...«, sagte mein Vater.

Dann ging er wieder hinein.

Einige Zeit später kam Yankel wieder zu uns. Dieses Mal waren wir noch nicht im Bett, und ich sah ihn. Er war jünger als mein Vater und trug einen roten Pullover. Sie setzten sich in eine Ecke des Zimmers. Marian und Bronka waren noch nicht aus der Fa-

brik zurückgekommen. Jerzy, Jakob und Großmutter Ewa waren weggegangen. In der Wohnung war es ruhig. Ich spielte mit Isaak, aber ich war ganz Ohr. Yankel sagte:
»Und kannst du mir erklären, du, der Polnisch wie ein Pole spricht, du, der polnisches Blut in den Adern hat, warum diese Hunde sich weigern, uns Waffen zu geben?«
Mein Vater seufzte. Ich hätte diesen Seufzer unter tausenden wiedererkannt. Machtlosigkeit, das Gefühl der Ungerechtigkeit, Niedergeschlagenheit schwangen in ihm mit.
»Nein, Yankel, nein, ich kann es dir nicht erklären. Ich kann dir auch nicht erklären, warum es Feige und Mutige, Freundliche und Böse, Verbitterte und Großzügige gibt. In diesem Moment verstehe ich genauso wenig wie du, dass es böse Juden und nette Polen gibt, genauso wenig, wie ich den bösen Polen verstehe, der dem braven Dummkopf von Juden übel mitspielt. Ich verstehe nichts von alledem. Und wenn ich es verstehen würde, wäre es nicht unbedingt besser für uns alle.«
Er stand auf. Ich hörte seinen Stuhl knarren. Es war seine Art, den Besucher zu verabschieden.
»Yankel … Ich denke, dass du mich neulich überzeugt hast. Ich bin bereit, bei deiner Gruppe mitzumachen … Wenn ihr mit so einem alten Kerl wie mir einverstanden seid.«
»Henryk!«
Sie schüttelten sich lange die Hand, dann umarmten sie sich. Nach dieser entscheidenden Unterredung schloss mein Vater sich den »Truppen« der Hashomer an, einer geheimen Gruppe, die den bewaffneten Kampf vorbereitete.
Mein Vater kam nach zwei Wochen wieder. Er erschien eines Abends zur Essenszeit. Die Erinnerung an die mitgehörten Gespräche zwischen Yankel und ihm hatte meine Angst um ihn gelindert, aber in dem Moment, als er im Türrahmen erschien, wich ich

zurück. Ich musterte ihn ungläubig. Er brachte uns Fleisch, Mehl und Kerzen mit. Ich blieb steif auf meinem Stuhl sitzen, während er sich zu mir beugte, um mich zu umarmen. Ich muss so seltsam dreingeschaut haben, dass er lachend ausrief:

»Aber Luna, ich bin doch kein Gespenst!«

Er hatte sich tatsächlich auf die arische Seite begeben, um Yankel zu treffen, der zu einem Netz gehörte, das den jüdischen Widerstand mit Waffen versorgte. Das alles erforderte absolute Geheimhaltung, und mein Vater hatte sie von Großmutter Ewa und meinem Onkel gefordert.

Seine Mitarbeit war für die Gruppe wertvoll, da er aufgrund seines Äußeren und durch seinen Akzent problemlos für einen Polen durchging. Bevor er das Ghetto verließ, hatte er sich bei Großmutter Ewa den letzten Schliff für seine Kenntnisse der polnischen Gebete geholt; es war für sie eine Freude gewesen, die Erinnerungen an ihre Kindheit in der katholischen Kirche aufzufrischen.

Als die ersten Waffenlieferungen bevorstanden, kam die furchtbare Nachricht von der Liquidation des Lubliner Ghettos. Man erzählte sich, dass alle Juden der Stadt, ebenso wie ein aus Deutschland kommender Konvoi, massenweise im Wald von Lublin hingerichtet worden seien. Man hatte sie gezwungen, einen riesig großen Graben auszuheben und sodann selber hineinzusteigen. Dort hatte man sie dann erschossen.

Zu diesem Zeitpunkt schlug meine Großmutter meinem Vater vor – »zum letzten Mal, letztendlich entscheidest du« – den Versuch zu machen, uns zu ihrer Schwester zu bringen, die in der Nähe von Wegrow mitten auf dem Land lebte. »Uns«, dass hieß Isaak, Jakob, mich und sie; es waren vier Personen aus dem Ghetto herauszubringen. Das war keine Kleinigkeit. Wie beim letzten Mal weigerte ich mich auch jetzt zu gehen. Etwas Unerklärliches hielt mich hier, in unserer Hölle, zurück. Ein Gefühl wie: »Eher in einer

Hölle leben, die zu mir gehört, als ein totes Leben, weit weg von denen, zu denen ich gehöre«. Ich war sechzehneinhalb Jahre alt, und mein Vater gab nach.

Alles war für die Abreise der Großmutter und der Jungen vorbereitet, als die Deutschen die Blockade der Ausgänge des Gerichtsgebäudes anordneten, durch das sie das Ghetto verlassen sollten. Sie kamen alle drei zurück. Großmutter setzte sich mit Isaak auf dem Arm auf einen Stuhl und stieß einen tiefen Seufzer aus. Kurz darauf sagte sie in gewollt heiterem Ton:

»Los, Luna, wir fangen wieder an zu singen, wir beide!«

An jenem Tag haben wir nach langer Zeit wieder gesungen ...

An einem Sonntagabend Ende April wurde an unsere Tür geklopft. Drei kurze dumpfe und sanfte Schläge. Ich öffnete. Rosa stand auf der Schwelle. Sie trug nichts weiter als ein langes Hemd und zitterte. Sie schaute mich an und sagte kein Wort. Ich versuchte, in ihren Augen zu lesen, weit aufgerissene Augen, die nichts mehr sehen wollten, weder mich, die ich vor ihr stand, noch irgendetwas sonst. Ich nahm sie bei der Hand und führte sie zu einem Stuhl. Sie wollte sich nicht setzen, ich legte unsicher meinen Arm um ihre Schulter, sie war ganz steif. Dann kam Großmutter auf sie zu, nahm sie in ihre Arme und drückte ihren kleinen abgemagerten und zitternden Körper an sich. Sie hielt sie lange so fest – wie man ein verängstigtes Tier hält, damit es nicht wegläuft. Als das Zittern aufgehört hatte, legte Großmutter Ewa Rosas Kopf mit den roten Locken an ihre üppige Brust und streichelte ihn lange schweigend, ohne ihre Umarmung zu lockern. Irgendwann löste sich Rosas Anspannung, sie lehnte sich an meine Großmutter, und immer wieder erschütterten lautlose Wellen ihren Körper.

Ich erinnere mich noch an den Klang dieser Verzweiflung: Man vernahm kein Weinen, man hörte nichts, nur in großen Abständen ein leises Pfeifen, in dem unendliche Trauer mitschwang. Das sagte mehr als alle Worte oder Tränen. Ein leises Pfeifen, so durchdringend wie der Stich einer Nadel. Je länger die Pausen wurden, desto mehr wurde die Tiefe der Verzweiflung in der Stille hörbar; es war wie bei einem Brunnen, dessen Tiefe man an der Zeit zwischen dem Fallenlassen eines Steins bis zu dem Geräusch, wenn er das unsichtbare Wasser berührt, misst.

Rosas ganze Familie war gerade von einer Razzia erfasst worden. Vor ihren Augen hatte man ihre zweijährige Schwester getötet. Das war alles, was wir an jenem Abend erfuhren.

Bei Einbruch der Dunkelheit sagte Großmutter Ewa sanft: »Du bleibst jetzt bei uns, Rosa.«

Sie fertigte geschickt aus dem, was noch an Kissen und Stoffstücken übrig war, eine Art Matraze an und umhüllte alles mit einem Laken. Sie legte Rosa hin und deckte sie mit ihrem Tuch zu. Und dann setzte sie sich neben das Lager auf den Holzfußboden der Küche, ihre geschwollenen Beine vor sich ausgestreckt, und blieb so sitzen, bis der Schmerz einer unendlichen Erschöpfung wich.

In jenem Augenblick begannen bei mir die Tränen zu fließen, und meine Kehle verkrampfte sich so, dass es wehtat. Während ich sah, wie Großmutter Ewa Rosas Gesicht streichelte, stieg in mir die deutliche Erinnerung an das leichte Rauschen auf, das im Innern meines Ohres entstand, wenn Mama sanft mit ihrer Hand darüberfuhr, um mich an Abenden, an denen ich etwas traurig war, zu beruhigen. Ein tiefes, »mütterliches« Gefühl. Genauso unerklärlich und zauberhaft nah wie das Geräusch des Meeres, das ich einmal in einer Muschel gehört habe, die ich in den Ferien an einem Strand in der Nähe von Gdansk gefunden hatte. Rosas Unglück erinnerte mich plötzlich an meinen eigenen vergrabenen Schmerz, an all das notgedrungen vergrabene Leid. Weil wir keine Zeit hatten, weil man im Ghetto nur Zeit für das Überleben hatte, nicht für das Leid.

Rosa blieb bei uns. Sie war achtzehn, und sie war allein auf der Welt. Über das, was sie erlebt hatte, konnte sie nicht sprechen, also schwieg sie. Total. Ihre Niedergeschlagenheit hielt tagelang an, als sei sie in Eis eingeschlossen.

Sie blieb still, ihr schallendes Lachen von früher hatte einem undefinierbaren Ausdruck, der irgendwo zwischen Lächeln und Leiden lag, Platz gemacht. Dabei bildeten sich zwei scharfe Falten an ihren Mundwinkeln. Ihre tiefe Güte war immer noch da, aber wie gefiltert und furchtbar weit weg.

Das blieb einige Zeit so, dann erschien ganz allmählich wieder das Licht in Rosas Augen. Ich sah, dass mein Vater versuchte, einen Blick von ihr zu erhaschen, wie er versuchte, den wiedergefundenen Glanz ihrer Augen auf sich zu ziehen, und in dem Moment dachte ich, dass er in sie verliebt war. Dieser Gedanke und dieses Gefühl waren für mich ein Zeichen, dass das Leben langsam zurückkehrte.

Nach einigen Wochen verließ Rosa wieder das Haus. Sie vergewisserte sich, dass alles in Ordnung war und dass Großmutter nichts brauchte. Sie umarmte mich und ging weg, ohne zu sagen, wohin.

Rosas Kommen und Gehen blieb lange Zeit geheimnisvoll. Sie sagte einfach »Ich komme wieder«, doch man wusste nie, wann sie wiederkam. Sie konnte eine Stunde, zwei Stunden, einen ganzen Tag wegbleiben. Einmal verschwand sie drei Tage. Mein Vater war fast verrückt vor Sorge. Nach ihrer Rückkehr gingen die beiden aus der Wohnung, um ohne Zeugen miteinander zu reden.

Manchmal, wenn es nichts Besonderes im Haus zu tun gab, blieb Rosa lange Zeit sitzen, ohne sich zu rühren. Ihre wunderbaren großen grünen Augen mit dem seltsamen goldenen Kreis um die Pupillen schienen etwas zu sehen, das wir nicht sahen. Dann betrachtete mein Vater sie. Der Gedanke, dass er in sie verliebt war, verdichtete sich, und nun, da es Rosa besser ging, empfand ich Eifersucht. Ich blieb immer in ihrer Nähe und richtete es so ein, dass sie nicht miteinander alleine waren. Einige Zeit lang quälte mich die Sache so sehr, dass ich immer reizbarer wurde. Ich wusste nicht einmal, auf wen ich eigentlich eifersüchtig war: auf Papa oder Rosa. Wer nahm mir den anderen weg, welcher Liebe fürchtete ich beraubt zu werden, der meines Vaters oder der Rosas? Ihre geheimen Ausflüge, deren Ziel ich doch ahnte, erzeugten bei mir jetzt ein unbestimmtes Leiden.

»Rosa, wo gehst du hin? Du kannst es mir sagen, ich werde es niemandem verraten«.

Es war ein Tag wie jeder andere, nur dass das Stechen in meinem Herzen stärker als sonst war.

»Luna, ich vertraue dir, so wie ich euch allen vertraue. Dein Vater weiß, wohin ich gehe, doch je weniger Worte verloren werden über das, was ich tue, umso besser ist es für alle. Verstehst du?«

Ich verstand, aber Rosas Antwort konnte mein ungutes Gefühl nicht besänftigen. Sie wich meiner Frage bewusst aus. Wir wurden dennoch Freundinnen. Trotz meiner Irritation, und ohne es jemals zu erwähnen. Rosa hatte die Gabe, mit jedem Menschen, den sie liebte, eine besondere Verbundenheit herstellen zu können und dabei sie selbst zu bleiben.

Langsam begriff ich, dass sie ihr Leid an einer geheimen Stelle verbarg, irgendwo zwischen der Stille und einer intensiven Aktivität innerhalb der der Zellen des Widerstands, der sich nun formierte. Ich hätte mir in jenem Augenblick nicht einzugestehen gewagt, dass mein Traum, ebenfalls an den Vorbereitungen des Widerstandes teilzunehmen, nicht ganz ohne Eigeninteresse war: Ich wollte Rosa so nah wie möglich sein.

Also das war es. Mein Vater war in sie verliebt. Es war ein Verdacht, und er wurde langsam zur Gewissheit. Ich beobachtete nicht ohne eine gewisse Scham, wie Papa sich Mühe gab, ihr zu gefallen, ich hoffte, dass Rosa es nicht bemerken würde, so plump schien es mir, während ich ebenso bei dem Gedanken litt, dass sie davon unberührt blieb. Ich kam zu dem Schluss, ich müsse mit ihr reden, doch jedesmal vertagte ich es wieder. Papa suchte ihre Gegenwart und gab sich dabei große Mühe, dass es nicht auffiel. Langsam verwandelte sich meine Eifersucht in ein unendliches Mitleid für meinen Vater. Ich litt für ihn. Ich träumte davon zu vermitteln. Es war eine andere Art und Weise, mich in ihre Angelegenheiten einzumischen, aber sie schien mir sehr viel edler als die frühere. Jedenfalls widmete ich mich leichteren Herzens als zuvor meiner neuen Rolle als Vermittlerin.

Im Allgemeinen kreuzten sich ihre Wege nur kurz, es war wie verhext. Nun richtete ich es so ein, dass Papa da war, wenn sie eintraf, oder umgekehrt. Dann verzog ich mich unauffällig.

An einem heißen Juniabend schlug Rosa mir vor, mit ihr zusammen in den Hof hinunter zu gehen, um zu reden. Ich dachte bei mir: »Es ist so weit!« Ich war sicher, dass sie mir von Papa erzählen würde. Als ich hinter ihr die Treppe herunterstieg, versuchte ich mir zurechtzulegen, was ich ihr sagen würde, doch alles geriet durcheinander. Ich kam nicht einmal dahinter, ob es mir Freude bereiten würde oder das Gegenteil. Wir setzten uns.

»Luna, ich weiß, was es heißt, tot zu sein.«

Ich war an gewisse verwirrende Bemerkungen, die Rosa machen konnte, gewöhnt, doch nun machte ich große Augen. Sie fuhr fort: »Es ist nicht schwer zu sterben. Das ist nichts. Das Schlimmste ist das Davor. Es ist die Angst. Wenn man Angst hat, ist man feige, man ist egoistisch, man denkt nur an sich. Ich möchte nie wieder Angst haben, verstehst du.«

Nein, ich verstand nicht.

»Und um nicht mehr Angst zu haben, gibt es nur eine Lösung: aus sich herauszugehen. Heraus aus den kleinen Sorgen.«

»Das heißt, du glaubst, dass ich kleine Sorgen habe?«

Rosa lächelte.

»Auf jeden Fall kümmerst du dich viel zu sehr um das, was die anderen tun ...«

Ich errötete bis zu den Ohren.

» ... und nicht genug um das, was sie sind.«

Da ich mir töricht vorkam und nicht mein Gesicht verlieren wollte, ging ich zum Angriff über:

»Und um mir das zu sagen, bist du mit mir hinuntergegangen?«

»Ja ... Und weil es sehr wenige Menschen gibt, denen man solche Dinge sagen kann. Du gehörst zu diesen Menschen, Luna.«

Ein Vorwurf und zugleich ein Kompliment. Rosa fuhr fort:

»Dein Vater und ich haben gewisse Verantwortungen übernommen. Ich weiß, dass dein Vater mich anschaut, und ich weiß, dass du es weißt. Aber ein Blick ist wie ein Brief, er kann nur von seinem Empfänger gelesen werden. Selbst wenn er jemandem anderen in die Hände fällt, kann der die Botschaft nicht lesen. Nur eine Person kann sie lesen. Das, was zwischen Henryk und mir gesagt oder nicht gesagt wird, geht nur Henryk und mich etwas an, Luna.«

Ich senkte den Kopf. Sie war mir also auf die Schliche gekommen, hatte mein armseliges kleines Geheimnis entdeckt. Sie machte sich nicht einmal die Mühe, darauf einzugehen. Rosa sprach weiter:

»Du erwartest zu viel von den anderen und gibst ihnen nicht genug. Du erwartest, dass sie sich deinem eigenen Spiel beugen, du vergisst, dass jeder ein Mensch für sich ist und dass es deine eigene Freiheit ist, die du aufgibst.«

Ich hätte ihr gerne geantwortet, ihr gesagt, dass sie sich täuschte, dass es nicht so war, wie sie glaubte. Ich hätte gern all diese entwürdigenden Wochen ausgelöscht, in denen ich sie belauert hatte

90

und eifersüchtig gewesen war. Ich fühlte mich armselig. Ich begann zu begreifen, dass zwischen ihr und meinem Vater nichts war, aber dass nicht das das Wesentliche war. Dass sie ihn nicht aus Liebe gernhatte und es ihm ehrlich gesagt hatte, direkt und ohne ihm etwas vorzuspielen. Dass zwischen ihnen etwas anderes, Tiefes entstanden war, etwas, das sie weit mehr verband als die normale Wunde einer Liebeszurückweisung. Dass sie einander unendlich nah waren und dass diese Beziehung sich mir vollkommen entzog. Dass jede Beziehung sich dem entzieht, der ihr fremd ist, und dass meine Vorstellung nichts anderes als die Fantasie eines engherzigen kleinen Mädchens gewesen war. All das wurde mir, wenngleich chaotisch, in einem einzigen Augenblick klar, und ich schwieg. Ich war erschüttert von Rosas Größe, ich hätte in diesem Moment alles dafür gegeben, ihr Vertrauen wiederzugewinnen, das ich für immer verloren glaubte. Unvermittelt fuhr sie fort: »Ich habe dir gesagt, ich wüsste, was es heißt, tot zu sein. Vielleicht würde ich nicht so reden, wenn ich das nicht erlebt hätte ... Wenn man einmal tot war, ist nichts mehr wie vorher.«

Ich schaute sie verständnislos an, und sie fuhr fort:
»Luna, am 18. April, als die Deutschen unser Versteck entdeckt haben, sahen sie nur meine Mutter und Hannah. Ich habe gehört, wie meine Mutter sie anflehte, sie zuerst zu töten. Ich habe die neun Schüsse gehört, die meine kleine Schwester getötet haben. Ich weiß nicht warum, ich habe mitgezählt. Neun für Hannah. Danach fünfzehn für meine Mutter. Und dann die anderen Schüsse, jedes Mal habe ich gezählt ... Keine der Kugeln hat mich getroffen ... Nachdem sie fortgegangen waren, blieb ich lange Zeit einfach liegen. Ich dachte die ganze Zeit über, ich wäre ebenfalls tot. Da war so viel Blut. Ich sagte mir: ›So ist es, wenn man tot ist, man ist von Blut bedeckt und leidet nicht.‹ Danach habe ich begriffen, dass es das Blut meiner Mutter war.«

Stumme Tränen quollen aus ihren Augen und liefen langsam über ihre Wangen. Rosa murmelte, mit kaum hörbarer Stimme: »Verzeih mir, Luna, ich wollte dir das alles nicht erzählen ... Überhaupt nicht ...«

Ich umschloss ihre Hand mit meiner Hand. Nein, sie wollte es nicht, aber sie hatte es dennoch getan. Vorher hatte sie über andere Dinge mit mir geredet. Aber dieses unerwartete Geständnis, dieser Einbruch des Leids, es musste einfach heraus, damit ich verstand, wovon Rosa sprach. Hier mein Egoismus und dort ihr Leiden. Die Angst, die einen in sich selbst einschließt, und der Mut, der einen für die anderen öffnet.

»Was ich sagen wollte ...«

»Ich habe es verstanden, Rosa, jetzt habe ich es verstanden.«

Sie lächelte mich tapfer an. Dann fuhr sie sich mit einer entschlossenen Handbewegung über die Augen, als würde sie einen Albtraum wegwischen.

»Luna, wenn du eines Tages ... zu uns kommen willst, weißt du ... Die Adresse ist Nalewski-Straße Nr. 33. Aber überleg es dir vorher gut. Du musst nicht kommen. Tu es nur, wenn du dir sicher bist, wie viel du zu riskieren bereit bist. Du hast noch zwei Brüder, deine Großmutter ... Verstehst du, ich habe niemanden mehr. Wenn ich sterbe, weil ich sterben muss, dann möchte ich es lieber im Kampf.«

Mir schwoll das Herz vor Stolz und Glück. Ich bewahrte die Adresse im tiefsten Winkel meines Gedächtnisses. Als sie aufstand, sagte Rosa:

»Vergiss nicht: Die Angst ist viel schlimmer als der Tod.«

Trotzdem redete sie wie Papa.

Ich vergaß Rosas Worte nicht. Sie hallten lange Zeit in meinem Kopf nach. Ebenso die Freude über ihr Vertrauen. Aber was die geheimnisvolle Adresse anging, davor hatte ich Angst. Ich sagte mir, ich sei zu jung, zu unerfahren, wir seien zu viele in unserer Familie, um solche Risiken einzugehen. Kurz, ich fühlte mich nicht bereit, dort hinzugehen.

Und als Rosa mir einige Zeit danach vorschlug, den Kinderchor im Rahmen der Aktivitäten des Widerstands zu organisieren, war ich darüber ganz glücklich. Es ging darum, sich um die sich selbst überlassenen Kinder zu kümmern, häufig Waisen, die in den Höfen herumlungerten, manchmal ganze Tage lang auf einer Treppenstufe saßen und von den Entbehrungen so erschöpft waren, dass sie nicht einmal an Spielen dachten. Mit ihnen sollte ich singen, ihnen durch den Gesang die Energie zurückzugeben, die ihre ausgemergelten Körper verlassen hatte.

Die Organisation kümmerte sich darum, für meinen kleinen Chor etwas zu essen zu besorgen. Das war ein starkes Argument, um die ausgehungerten Kinder anzuwerben. Jakob wurde eine wertvolle Hilfe. Trotz seiner dreizehn Jahre war er zart, machte eher einen kindlichen Eindruck, und er war als einziger in der Lage, die Benachteiligsten der Kinder zu überzeugen, zu uns zu stoßen. So brachte er eines Tages Marynka und Neftali mit.

Marynka war neun Jahre alt, ihr kleiner Bruder Neftali zwei. Als Jakob Marynka begegnete, bettelte sie, die Hand ausgestreckt, mit jenem anmutigen Ausdruck, der der ihr so eigen war und sie niemals verließ. Ihre Klage, mit der sie sich ein paar Zlotys zusammenbettelte, war schon fast ein Lied.

Sie war allein, und Jakob fragte sie, ob sie kommen und mit uns singen wollte. Sie würde auch etwas zu essen bekommen. Einige Meter entfernt wartete ich auf das Ergebnis der Unterredung. Ich hörte nichts, doch ich sah, wie Marynka lebendig wurde und dabei auf den Geigenkasten zeigte, den Jakob bei sich hatte. Dann stand sie auf und nahm ihn bei der Hand. Jakob machte mir ein Zeichen, und wir folgten Marynka in eine Sackgasse, in der sich

Unrat türmte. Wir gingen noch einige Schritte weiter. Da, auf einer alten Decke, lag ein ganz kleiner Junge in tiefem Schlaf. So lernten wir Neftali kennen. Er hatte einen dichten zerzausten Haarschopf und war in schmutzige Lumpen gehüllt, die einen kleinen abgemagerten und verdreckten Körper erkennen ließen. Ihn so mit seiner Schwester auf der Straße zu lassen, hätte für ihn den sicheren und schnellen Tod bedeutet. Vom nächsten Tag an nahmen wir ihn mit nach Hause, wo er bald zum idealen Kameraden für Isaak wurde. Marynka wurstelte sich, um es einmal so auszudrücken, zusammen mit einer ganzen Bande von Kindern durch, die auf die andere Seite der Mauer schlüpften und dort stahlen und mit denen zusammen sie unbedingt im Freien schlafen wollte. Zwei von den Straßenkindern, die mit Marynka zusammenlebten, schlossen sich uns an.

Wir versammelten uns in einem leerstehenden Raum, es war ein kleines düsteres Zimmer mit einem einzigen kleinen Fenster, das dem Kindergarten in der Nowolipie-Straße als Ausweichquartier diente. Der Kindergarten existierte seit langem nicht mehr; das Gebäude war jetzt von armseligen Familien belegt, die in den Klassenräumen lebten. Von Zeit zu Zeit sah ich, wie sich eine Gruppe an der Tür zusammendrängte, wenn wir sangen, und manchmal nahm ich mit Freuden wahr, dass sich ein Lächeln auf den Gesichtern zeigte.

In diesen Zeiten zu singen war geradezu waghalsig und äußerst leichtfertig. Und dennoch machten wir weiter, gegen alle Logik des Todes, die ihr Möglichstes tat, uns zu zerstören. Dreimal die Woche trommelte Jakob die Kinder zusammen, ging in alle acht Höfe der Wohnhäuser unseres Blocks und sammelte unsere wenigen Straßensänger zusammen, die ihm immer freudig entgegensahen. Unter ihnen war Marynka die gewissenhafteste. Nach dem Chor kam sie mit zu uns, um ihren kleinen Bruder zu sehen. Aber nie wollte sie zum Schlafen bei uns bleiben. Sie umarmte Neftali, ließ sich das Gesicht säubern, sich etwas aufpäppeln und ging dann wieder fort, um bei ihrer Bande zu übernachten.

Der Chor fand fast einen Monat lang statt. Am 21. Juni gaben wir sogar ein »Konzert« im Hof unseres Wohnhauses. Es wurde unser erster und letzter öffentlicher Auftritt. Am nächsten Tag kam Jakob völlig aufgelöst nach Hause. Die ganze kleine Straßenbande war in der Nacht verschwunden.

Wir erfuhren, dass die Deutschen die Straßenkinder aufgesammelt, sie zum Umschlagplatz gebracht und in die grünen Waggons verladen hatten, die nach Treblinka fuhren.

Neftali blieb bei uns und gehörte zur Familie wie Rosa. In diesem Juni des Jahres 1942 spürte man mehr denn je den Hauch des Todes im Ghetto. Und dennoch, trotz des Elends und der Angst: Manchmal, wenn wir alle beieinander waren, Isaak und Neftali schallend lachten, Großmutter mit ihrer natürlichen Gutmütigkeit ihren täglichen Beschäftigungen nachging, nachdem sie es geschafft hatte, sich ein wenig Brot und Margarine zu besorgen, wenn Jerzy in seinen Büchern versank, Rosa mit ihren geheimnisvollen und wichtigen Aufgaben beschäftigt war, mit ihrem undefinierbaren Lächeln, das die Sanftheit ihres Gesichts unterstrich – in solchen Momenten konnten wir uns in eine Art von Glück flüchten. Und dann flüsterte mein Vater mir den magischen Satz zu: »Sing, meine Luna, würdest du bitte?« Und ich sang.

Aber manchmal war es ein Befehl. Wenn uns der beängstigende Krach und das Gebrüll der SS draußen auf der Straße vor Angst erstarren ließ, wenn der Hunger uns über Tage hinweg peinigte, sagte Papa mit zusammengebissenen Zähnen: »Sing, Luna!«. Und das tat ich dann. Es war ein Moment des Friedens inmitten des Sturms.

Im Ghetto gab es kein Grün, nichts, kein Gras, keine Blume, keinen Baum. 1942 waren die wenigen Blüten der Wegwarte, die es im vorangegangenen Sommer geschafft hatten hochzukommen, nicht wieder erschienen, und in der Straße beim Friedhof waren die mageren Gräser immer dünner gesät. Es war, als würde die Natur selbst aufgeben, von Monat zu Monat, von Jahr zu Jahr mehr. In der Ecke der Karmelitzka-Straße reckte sich jedoch eine arme Linde unverzagt empor, ein stiller und eigensinniger Zeuge der Natur, die sich langsam zurückzog. In der Zeit der großen Hitze hielt sich eine Menge Leute in der Nähe der Linde auf. Jeder suchte Schatten, und der Schatten, den dieser Baum spendete, war wie ein Schatz. Vor allem aber war er ein Beweis dafür, dass Gott noch seine kühle und gütige Hand über das Ghetto hielt. Irgendein heller Kopf hatte dort eine behelfsmäßige Bank gebaut. Alex ließ jeden, der sich darauf setzen wollte, einen Zloty bezahlen. Es war seine Bank, sein Baum, sein Mittel, um zu überleben. An den heißesten Tagen stieg der Preis der Plätze, jeder war einmal dran, im grünen Schatten zu sitzen. Eines Abends ging ich durch die Karmelitzka-Straße, und ich bekam einen Schock, als ich sah, dass die Linde nicht mehr da war. Alex, die Bank, die Linde waren verschwunden. Später habe ich erfahren, dass die Deutschen den Baum gefällt hatten, damit ihre Fahrzeuge bequemer durchfahren konnten.

Eines Montagmorgens klingelte es an der Tür. Ich öffnete, ein kleiner Straßenjunge hielt einen Strauß Rosen, größer als er selbst, in der Hand. Seine schwarzen Augen glänzten hinter dem Samt der Blumen. Er hielt mir den Strauß hin und sagte:
»Für Rosa.«
Mir stockte der Atem. Nicht so sehr wegen dieses wunderbaren Straußes, sieben herrliche, schwere, zarte und duftende Rosen, als wegen der Absurdität, die diese Blumen im Schmutz des Ghettos darstellten.

Am folgenden Montag ertönte die Klingel von Neuem. Dieses Mal war es ein kleines Mädchen, das mir einen ganzen Arm voll derselben Rosen fast ins Gesicht warf, ehe es über die Treppe Reißaus nahm. Ein kleiner Zettel war daran geheftet, auf dem die Worte standen: »Für Rosa«. Woher kamen diese Rosen? Unbestreitbar von der arischen Seite. Ich fragte Rosa neckend aus:

»Rosa, du musst doch wissen, wer die ganze Woche hindurch so sehr an dich denkt, dass er dir jeden Montag diese Blumen schickt, die deinen Namen tragen!«

Rosa errötete leicht, aber sie schien fast ebenso erstaunt wie ich, und sie drehte und wendete den Zettel, um eine Unterschrift darauf zu entdecken.

»Nein … Nun, ich glaube nicht … Ich weiß nicht, wer so etwas Verrücktes tun könnte, es gibt keine Rosen im Ghetto.«

Das war genau das, was auch ich dachte. Sie verstrickte sich in ihren Aussagen, schien verwirrt. In den darauffolgenden Tagen wurde sie schweigsam. Manchmal warf mein Vater ihr einen seltsamen, rätselhaften Blick zu.

Das Geheimnis wurde noch undurchdringlicher, als – diesmal am folgenden Dienstag – dasselbe kleine Mädchen mit sieben neuen Rosen kam. In dem Moment, als es mir den Strauß hinhielt, hielt ich es am Arm zurück. Gegen seinen Widerstand zog ich es in unsere Wohnung und lockte es dabei mit einem Stück Brot. Während es ausgehungert hineinbiss, sagte mir die Kleine, die Reyzl hieß, dass ihr ein *pani*, ein Mann, den Strauß Rosen zusammen mit ein paar Zlotys durch ein Loch in der Mauer der Nowolipie-Straße reichte, aber dass das Loch seit letzter Woche verstopft sei, und dass es dem *pani* gestern gelungen sei, ihr durch einen kleinen Jungen eine Botschaft zu übermitteln. Sie hatte sich an jenem Morgen, am Dienstag, also in die Nähe eines anderen Lochs begeben, in der Ecke beim Obersten Gerichtshof an der Leszno-Straße.

Der Mann hatte ihr die Zlotys und ein ganzes Brot gegeben. Es war derselbe wie in der vorigen Woche, sie erkannte ihn an der Stimme wieder, hatte ihn aber nie gesehen. Sie aß ein zweites Stück Brot, als Rosa eintrat, ihre Tasche auf den Tisch legte und ziemlich unvermittelt sagte:

»Das reicht, Reyzl! Luna, du solltest die Kleine nicht derart ausfragen, ich weiß, wer mir diese Rosen schickt.«

Sie drehte sich um und brach in Tränen aus.

Ich hatte damit so wenig gerechnet, dass ich einen Augenblick lang zögerte, ich wusste nicht, ob ich mein Gespräch mit der Kleinen einfach unbekümmert fortführen oder sie verabschieden sollte, um mich um Rosa zu kümmern. Rosa saß zusammengekrümmt auf dem Hocker, das Gesicht in den Händen verborgen. Als die Tür ins Schloss gefallen war, murmelte sie unter Tränen:

»Es ist Yankel. Du kennst ihn nicht. Er gehört zur Organisation. Er ist auf die andere Seite der Mauer geschickt worden, um Waffen zu finden, es ist länger als einen Monat her. Normalerweise sollte Dolek ihn ersetzten, aber Hillel zögert, da Dolek zu jüdisch und nicht polnisch genug aussieht, um auf der arischen Seite nicht die Aufmerksamkeit auf sich zu ziehen. Hillel sagt, dass man nicht das Risiko eingehen kann, Dolek zu verlieren, falls er gefangengenommen wird.«

Alle diese Namen waren mir fremd, außer dem von Yankel.

Sie unterdrückte ein Schluchzen.

»Es stimmt, Yankel spricht polnisch wie ein Pole, aber ich habe Angst, ihn zu verlieren.«

Ich legte meinen Arm um ihre Schulter. Ich war entsetzlich verlegen wegen meines Vaters, doch als hätte sie meine Gedanken erraten, sagte sie zu mir:

»Henryk weiß Bescheid, Yankel ist ein Freund, wir brauchen nicht geheimnisvoll zu tun.«

Das war es also. Der Grund der sanften Traurigkeit, die ich seit einiger Zeit auf dem Gesicht meines Vaters las. Die Sache war schon im Gange, als sie damals, während unseres Gesprächs, zu mir sagte:

»Ich weiß, was es heißt, tot zu sein.«

Dennoch verschwand eine gewisse Spannung zwischen Rosa und meinem Vater, nachdem ihre Liebesgeschichte ans Tageslicht gekommen war. Ich sah bei ihm nicht mehr diesen düsteren Blick, der ihm seit Rosas Ankunft so oft anhaftete. Er fand sogar seinen fröhlichen und neckenden Humor wieder.

Zufall oder nicht, es war ungefähr der Zeitpunkt, als zahlreiche jüdische Widerstandsgruppen im Ghetto endlich anfingen, sich auf eine gemeinsame Aktion zu verständigen. Es war allerhöchste Zeit. Etwas Furchtbares rückte näher, und die Gerüchte, die jeden Tag stärker wurden, signalisierten, dass es bald so weit wäre; es war so etwas wie das Ende der Welt.

DIE AKTION

Heute Morgen sind die Geräusche auf der Straße anders als sonst. Ein Gebrodel, Hufgetrappel, erregte Ausrufe. Jerzy, der hinuntergegangen ist, um nachzusehen, was los ist, kommt nicht wieder, und ich laufe unruhig im Kreis. Von der Straße her sind Schreie zu hören, Kinder weinen. Endlich kommt Jerzy außer Atem zurück.

»Es ist so weit, sie haben angefangen!«

»Sie haben *was* angefangen?«

Wir wissen es alle, wir leben seit Tagen mit der Angst vor dem, was heute geschieht. Doch man muss es trotzdem einmal laut ausgesprochen hören.

»*Die Aktion*!«

Es ist heraus, das Wort, das Todeswort. Und im selben Moment lösen sich die Tränen und strömen ungehemmt.

»Beruhige dich, Luna«, sagt Großmutter. »Jerzy, wo ist Henryk?«

»Ich weiß nicht, im Judenrat nehme ich an. Draußen herrscht Panik!«

Ich will meinen Vater sehen. Ich packe Jerzy am Arm.

»Komm, wir suchen Papa!«

Wir stürzen die Treppe hinunter.

»Kinder! Geht nicht raus!«, ruft Großmutter.

Aber wir sind schon im Hof. Wir laufen in Richtung der Grzybowska-Straße, wo sich der Judenrat befindet. Die Straße gleicht einem aufgescheuchten Ameisenhaufen: Die Leute laufen hastig in alle Richtungen, ohne zu wissen, wohin sie gehen. Jerzy spricht einen schwarz gekleideten Mann an, der sich mit entschlossenem

Schritt fortbewegt, doch er macht sich nicht einmal die Mühe kurz stehen zu bleiben, um uns zu antworten:

»Ja, ja, wir werden alle verreisen. Wir müssen uns fertigmachen.«

Man könnte fast glauben, er sei wahnsinnig. Wir begegnen einer Frau, die beide Hände gegen den Kopf presst und mit durchdringender Stimme stöhnt:

»Unglück! Unglück! Unglück!«

Noch eine Wahnsinnige. Und dann stoßen wir fast mit Vater zusammen, der vom Judenrat kommt.

»Was macht ihr hier draußen? Geht sofort nach Hause!«

Er zieht uns rasch mit sich. *Die Aktion* hat wirklich begonnen. Man darf auf keinen Fall auf der Straße bleiben. Wir gehen an einem gerade angeschlagenen Plakat vorbei. Ich lese:

BEKANNTMACHUNG. Auf Befehl der deutschen Behörde werden alle in Warschau wohnenden Juden in den Osten umgesiedelt. Folgende Kategorien sind von dieser Umsiedlung ausgeschlossen: in deutschen Unternehmen angestellte Juden, der Judenrat und seine Angestellten, die jüdische Polizei, Krankenhauspersonal, Juden des Arbeitsdienstes und alle näheren Verwandten dieser Kategorien.

Der Judenrat

»… Also wir nicht!«, murmle ich.

Papa schaut mich mit wütendem Blick an.

»Ich habe es nie als ein Ruhmesblatt für mich betrachtet, dass ich im Judenrat arbeite, aber heute ist es eine Schande und eine Folter …«

Ich habe das Gefühl, als hätte ich Unsinn geredet.

An diesem 22. Juli hatte der Judenrat soeben den Befehl erhalten, den Deutschen sechstausend Juden pro Tag zu liefern, damit sie nach Treblinka gebracht werden konnten. Am nächsten Tag kam Ysroel gegen Ende des Tages, kurz vor der Sperrstunde, bei uns vorbei, verstört und mit versteinertem Gesicht. Wir wussten es schon: Der Präsident des Judenrats hatte sich soeben das Leben genommen. Wir saßen mit Rosa, die nach Hause geeilt war, sobald sie davon gehört hatte, um den Tisch und verhielten uns schweigend, wie bei einer Gedenkfeier. Ysroel murmelte nur:

»Natürlich … natürlich …«

Plötzlich richtete sich mein Vater auf:

»Er hatte nicht das Recht, das zu tun!«

Alle Augen richteten sich auf ihn. Er sprach mit einer Heftigkeit weiter, die mich schockierte:

»Er hätte das Kommando behalten müssen, um das Ghetto nicht vollends zu entmutigen!«

Ich spähte ängstlich nach Ysroels Gesicht und hatte das Gefühl, dass er unendlich litt. Ich fand meinen Vater brutal und ungerecht. Doch Ysroel schüttelte lediglich den Kopf.

»Oh, ich weiß, es gibt schon welche, die genau wie du, Henryk, tuscheln: Er hatte nicht das Recht, er war der Direktor und so weiter. Aber man darf ihn nicht verurteilen. Wir durchleben gerade eine Zeit, die …«

»Genau deswegen, jeder muss, mehr denn je, das tun, was er zu tun hat!«

»Genau, Henryk, jeder muss das tun, was er zu tun hat. Wenn das sterben ist, dann muss man sterben. Wenn es leben ist, muss man leben. Sich retten, wenn es noch möglich ist. Und wenn es so ist, dass einer sich den Tod geben will, muss er es ebenfalls tun. Nein, Henryk, niemand darf hier ein Urteil fällen.«

»Wer Verantwortung hat, muss sie bis zum Schluss tragen!«

Ich war empört. Wie konnte man so über einen Mann reden, der gerade gestorben war?

Dann sagte Ysroel:

»Wir sind am Ende, Henryk.«

Ich sah, wie die Schultern meines Vaters mit einem Ruck herabsackten. Rosa starrte den alten Mann mit bebenden Lippen an. Großmutter Ewa nickte stumm. Das Gesicht meiner Tante Bronka war verschlossen und undurchdringlich, wie so oft. Es gelang mir nie zu erraten, was sie dachte. Ysroel redete eintönig weiter, er sprach mit meinem Vater wie mit einem Kind. Er flüsterte fast, zweifellos um die Tränen zu verbergen, die seine Stimme erstickten.

»Verstehst du, Henryk, er hat es nicht ertragen können. Nein ... er konnte es einfach nicht. Er hat Zyankali geschluckt.«

Eine lange Stille trat ein. Mein Vater schüttelte betrübt den Kopf und fuhr sich mit einer hilflosen Handbewegung durch die Haare.

»Warum gerade jetzt? Warum?«

In seiner Frage schwang Wut mit, aber auch Schmerz. Verzweiflung machte sich breit und verdrängte den Zorn.

»Er hat eine Nachricht hinterlassen, sie lautet: ›Sie verlangen von mir, mit meinen eigenen Händen, die Kinder meines Volkes umzubringen. Es bleibt mir nichts anderes übrig als zu sterben.‹ Er sagte auch, die Deutschen hätten befohlen, für den nächsten Tag einen Kindertransport vorzubereiten. Sie haben außerdem gefordert, dass der Judenrat neuntausend Juden liefert. Nicht sechstausend, sondern neuntausend! Czerniakow hat sich um 16 Uhr umgebracht.«

Ysroel schluchzte kurz auf. Er erhob sich, wischte mit dem Ärmel seiner Jacke eine Träne weg und murmelte im Hinausgehen:

»Oh, dass ich das erleben muss! In meinem Alter!«

Mein Vater geleitete ihn bis zu Tür, und sie umarmten sich lange schweigend.

Ehe er wegging, wandte er sich zu uns um:

»Ich bin nicht in Gefahr, zumindest glaube ich das. Meine Arbeit, die Archive, all das; Henryk, triff die Entscheidung, die du für richtig hältst. Wenn du es brauchst, du oder jemand von deiner Familie, könnt ihr bei mir unterkommen. Ich habe sogar ein Versteck, du weißt, wo ich zu finden bin. Auf Wiedersehen, Kinder!«

Mein Vater trat am 26. Juli 1942 aus dem Judenrat aus.

Einige Tage später nahm er mich beiseite:

»Luna, ich habe mich entschlossen, wenigstens Jakob und Isaak in Sicherheit zu bringen. Ich habe gerade mit Janusz Korczak gesprochen, der das Waisenhaus in der Sliska-Straße leitet. Ein bemerkenswerter Mann. Er hat es sogar geschafft, von den Deutschen respektiert zu werden. Bei ihm sind die Kinder geschützt. Zumindest glaube ich es …«

»Aber Papa, mit deiner neuen Arbeit riskieren wir nichts!«

Mein Vater seufzte. Nach seinem Rücktritt vom Judenrat war er, wiederum durch Ysroels Vermittlung, in eine Gruppe von Maurern aufgenommen worden, die zur Arbeiterschaft des Arbeitsdienstes gehörten. Es war tragikomisch: mein Vater, der nicht wusste, wie man einen Pinsel hält, noch weniger eine Schaufel! Aber diese Arbeit sicherte ihm ein Existenzminimum und vor allem den wertvollen *Ausweis*, die Arbeitsbescheinigung, die ihn und seine Familie vor der Deportation schützte. So hieß es jedenfalls.

»Im Prinzip seid ihr sicher … Aber ich will nicht das geringste Risiko eingehen. Luna, du bist groß. Mit dir kann ich offen reden. Ich kann heute niemandem mehr vertrauen. Dieser Ausweis ist nichts als ein Stück Papier. Die Deutschen werden Korczak und seinem Waisenhaus nichts antun.«

»Und Neftali?«

»Du kannst Neftali auch mitnehmen.«

»So, *ich* kann Neftali mitnehmen. Ich gehe nicht dorthin!«

Mein Vater tat, als ob er nachdächte, doch er hatte seine Entscheidung bereits getroffen.

»Du wirst dort sicherer sein als bei mir.

Angesichts meiner unentschlossenen Miene insistierte er:
»Ja, du solltest wirklich dort hingehen, das wäre besser.«
»Und Rosa? Und Großmutter?«
»Großmutter hat nichts zu befürchten, und Rosa ist erwachsen.
Sie ist hier bei uns nützlicher. Und dann ist da ja noch Yankel ...«
»Aber Papa ...«
Er ließ mir keine Zeit zu protestieren:
»Luna, im Grunde erwarte ich von dir, dass du mit den Jungen
zusammen zu Dr. Korczak gehst.«
Auf einmal stiegen mir Tränen in die Augen. Ich schüttelte den
Kopf.
»Ich bin kein kleines Mädchen. Was Isaak und Jakob und Neftali
betrifft, das verstehe ich, aber ich will bei euch bleiben!«
Ich brannte darauf, mich nützlich zu machen, der Gedanke, mit
den Kindern irgendwo untergebracht zu werden, war mir uner-
träglich. Mein Vater spürte es, denn er sagte:
»Du bist sechzehn Jahre alt, du könntest dort mithelfen, ich hatte
den Eindruck, dass man eine zusätzliche Kraft dort gut gebrauchen könnte.«
Gegen dieses letzte Argument fiel mir nichts ein, was ich hätte
erwidern können. Ich fügte nur hinzu:
»Aber du selber, Papa?«
»Ich habe Dinge zu erledigen, Rosa auch, und viele andere ebenfalls. Du musst das verstehen, meine Luna, und uns helfen.
Bei Korczak könnte ich mich nützlich machen. Das war ein Argument, das ich verstand; es war auch eine Möglichkeit, am Widerstand teilzunehmen. Ich willigte ein, noch am selben Tag hinzugehen.

Als wir im Waisenhaus in der Sliska-Staße Nr. 9 eintrafen, war das
ganze Haus in Aufruhr. Man beschäftigte sich – eigentlich insge-

heim – mit Vorbereitungen für den nächsten Tag, dem Geburtstag des »alten Doktors«, wie viele ihn nannten. Die Atmosphäre war völlig anders als alles, was wir kannten. Dort herrschte Freude, echte Freude, die alle, die dort lebten, miteinander teilten. Die Furcht, die wir draußen erlebt hatten, konnte man dennoch auch hier spüren. Die Mauern des Waisenhauses waren nicht undurchlässig, und jeder ahnte den schrecklichen Alltag des Ghettos, fühlte ihn, hatte ihn vielfach erlebt, ehe er hierherkam. Die Verwirrung, die ständige Panik, das zum Zerspringen beklommene Herz, all diese täglichen Empfindungen schienen jedoch wie verschwunden, sobald man die Türschwelle überschritt. Hier herrschte ein Klima der Heiterkeit und des Respekts, das uns wie etwas Unbekanntes überraschte.

Halina, das Mädchen, das uns empfangen hatte, begleitete Isaak und Neftali zu der Gruppe der Kleinen, ehe sie zurückkehrte, um uns zum »Doktor« zu bringen. Als wir eintraten, saß Dr. Korczak an seinem Schreibtisch – einer einfachen Tischplatte auf Böcken – und schrieb. In dem Raum standen auch ein Bett und zwei Stühle. Halina schob uns vor sich her. Der Arzt brummte ein Guten Tag! und murmelte etwas zu Halina, die uns anwies:
»Setzt euch, der Doktor beendet noch einen Brief, dann hat er Zeit für Euch«.

Ich schaute Jakob an und las auf seinem Gesicht denselben Ausdruck von Frieden, den auch ich empfand. Das, was Papa gesagt hatte, stimmte. Hier würden wir in Sicherheit sein. Nichts Schlimmes konnte mehr geschehen. Der Doktor schrieb immer noch. Plötzlich begann sich alles in meinem Kopf abzuspulen: der Tod meiner Mutter, Rosas Trauer und die furchtbare Erzählung vom Tod ihrer Eltern, die Wochen der Furcht, mein Vater. Mein geliebter Vater, so rührend in seinen verzweifelten Versuchen, die Härte unseres Lebens zu mildern, mein Vater, der für Isaak den

Clown spielte, um ihn zum Lächeln zu bringen, mein Vater und seine heimlichen Treffen, die Gefahren, denen er ausgesetzt war. Der Doktor hatte zu Ende geschrieben. Er faltete seinen Brief, ließ ihn in einen Umschlag gleiten und schaute uns mit einem gütigen Lächeln an.

»Nun, da seid ihr also, Luna und Jakob!

Er hatte mich Luna genannt. Ich war so in meine Gedanken versunken, dass ich einen Moment lang stumm blieb. Dann schnürte sich meine Kehle zu, und ich musste mich zusammenreißen, um nicht zu weinen.

Korczak begann in liebevollem Ton mit uns zu reden, voll ernster Aufmerksamkeit. Er fragte Jakob, was er in der vorangegangenen Nacht geträumt habe. Jakob antwortete, er habe nicht viel geschlafen. Der Doktor zog die Augenbrauen zusammen und fuhr sich mit der Hand an die Stirn, als erinnerte er sich plötzlich an etwas. Er wollte gerade etwas sagen, als Jakob ausrief:

»Doch, ich erinnere mich. Ich habe geträumt, dass uns im Hof unseres Hauses ein großer blauer Hund bewachte. Er flößte mir Angst ein, ich sah seine Reißzähne, ich drückte mich an Luna. Und Luna sagte zu mir: ›Hab keine Angst, er beschützt uns.‹ Und dann habe ich die Augen des Hundes betrachtet, um festzustellen, ob meine Schwester die Wahrheit sagte. Und seine Augen waren die meiner Mutter. Und da waren Tränen ... Also habe ich sie umarmt und dann bin ich schweißnass aufgewacht.«

»Und hast du Luna geweckt?«

»Warum hätte ich sie wecken sollen?«

»Damit sie dich zum Beispiel in den Arm nimmt«, sagte der Doktor. »Wenn du noch einmal von einem blauen Hund träumst, der die Augen deiner Mutter hat, musst du uns wecken, Halina oder Magarit oder Luna. Hier sagt man es, wenn man traurig ist ... Und was hast du danach gemacht?«

»Es fiel mir schwer, wieder einzuschlafen.«

Der Doktor schien einen Moment lang nachzudenken.

»Zu welcher Rasse gehörte der blaue Hund?«

Jakob sah verdutzt drein. Die Fragen des Doktors waren verwirrend.

»Hatte er zum Beispiel lange Ohren? Ein kurzes Fell? Einen buschigen Schwanz ...?«

Ich weiß nicht mehr, was Jakob geantwortet hat, und ich habe nichts von dieser Geschichte mit dem blauen Hund verstanden, ich glaube übrigens, dass es da nichts zu verstehen gab, aber als Jakob und ich das Büro verließen, erfüllte uns vollkommenes Vertrauen. Im Raum unten spielten Isaak und Neftali friedlich mit drei anderen Kleinen unter Halinas wohlwollendem Blick.

Am nächsten Tag überraschte uns Rosa mit ihrem Besuch. Sie kam, um uns in den Arm zu nehmen und zu sehen, ob alles gut lief. Ja, alles lief bestens.

Langsam gehen wir alle zusammen die Sliska-Straße hinunter. Die letzten Kinder haben das Tor des Waisenhauses durchschritten. Wir wagen nicht uns umzudrehen, um unserem Haus auf Wiedersehen zu sagen, aus Angst, zu traurig zu werden, trotz allem, was uns Doktor Korczak gesagt hat. Unsere Kolonne steht ordentlich aufgereiht, die Holzsohlen erzeugen ein regelmäßiges Klipp-klapp auf den Pflastersteinen. Die Kleinsten sind vorn beim Doktor, die Größten hinten. Wir schreiben den 5. August. Es ist auf den Tag genau eine Woche her, dass wir in der Sliska-Straße angekommen sind.

Gestern habe ich beim Aufwachen sofort daran gedacht, dass es Mamas Geburtstag ist. Der 4. August. Früher schlichen wir uns geräuschlos an ihr Bett und weckten sie unter massivem Einsatz von Küssen und mit viel Gelächter. Ich war in meine Erinnerungen versunken, als die Polizei unser Haus betrat. Sie sind einige Minuten im Hof geblieben, wo wir sie, an die Fenster gedrängt, beobachten konnten. Der Doktor hat sie rasch verabschiedet, dann mussten wir uns uns alle im Esssaal versammeln.

»Meine Kinder, ich habe gerade ein Papier von den Deutschen erhalten, das uns befiehlt uns zum Umschlagplatz zu begeben, damit wir einen Zug nehmen …«

Ausrufe ertönten in dem kleinen Raum, und es fiel sogar durch eine ungeschickte Bewegung ein Stuhl um. Der Doktor hob die Hand, um Ruhe herzustellen.

»Das ist nicht verwunderlich. Ich habe es seit Langem erwartet. Ehrlich gesagt, war ich sogar erstaunt, dass alle im Ghetto aufs Land geschickt werden und wir hier eingeschlossen bleiben! Wohin wird dieser Zug uns bringen? Die Deutschen haben es mir noch nicht gesagt. Sicher in Richtung Osten, wo viele eurer Eltern schon hingefahren sind. Bis dahin werden wir ein wenig Proviant vorbereiten, den wir alle gemeinsam während der Reise verzehren werden!«

Bei diesen letzten Worten entfährt einem Kind am Tischende ein tiefer Schluchzer. Der Doktor geht langsam zu dem ungefähr achtjährigen Jungen hin, der weinend sein Gesicht in den Händen verbirgt. Er streichelt ihm den Kopf, löst vorsichtig seine Hände und wischt ihm mit einem großen Taschentuch, das er aus seiner Hosentasche zieht, das Gesicht ab.

»Warum weinst du, Moischele? Wir gehen alle fort. Wir bleiben zusammen, wie immer. Haben wir es nicht gut, alle zusammen?«

Moischele nickt langsam, während er weiterschnieft. Der Doktor richtet ihn auf.

»Ich weiß. Vielen unter euch geht es wie Moischele. Sie haben seit Monaten keine Nachrichten von ihren Eltern. Einige haben furchtbare Dinge gesehen, Dinge, die man niemals sehen dürfte. Einige haben leider sogar ihre Eltern vor ihren Augen sterben sehen, und sie wissen sehr wohl, dass unsere nächste Reise sie ihnen nicht zurückgibt. Und alle diese Gedanken kommen genau jetzt wieder hoch, jetzt, wo ich euch sage, dass wir fortgehen müssen. Aber, wie ich es gerade unserem lieben Moischele in Erinnerung gerufen habe: Wir gehen zusammen fort.«

Im Esssaal kommt bei diesen Worten ein wenig Hoffnung auf. Diese winzige Hoffnung verbreitet sich wie ein Duft, ein guter, aufbauender Geruch, der stärkt und erfrischt. Wir blicken uns an, die Gespräche werden wieder aufgenommen. Valentina und Halina verteilen den Kräutertee, eine heiße und süße Flüssigkeit, die man am Ende einer Mahlzeit trinkt. Dann erhebt sich der Doktor noch einmal.

»Meine Kinder, meine geliebten Kinder, ihr seid alle meine Kinder, und wenn ich die Ehre habe, ein wenig euer aller Vater zu sein, ist es der Moment, zu zeigen, dass ich diese Ehre verdiene, dass ich meine Vaterrolle gut gespielt habe. Zeigt mir, dass ich mich nicht getäuscht habe, indem ich euch Würde, Mut und Selbstvertrauen gelehrt habe. Es gibt ein Sprichwort, das sagt: Das Schlimmste ist nie gewiss. Heißt das nicht ein wenig, dass noch etwas Gutes kommt? Ich verstehe es so. Nicht das Schlimmste steht uns bevor, sondern vielleicht das Beste, wer weiß? Nun, wir werden den Tag morgen nach diesem Sprichwort angehen. Wisst ihr, was wir tun werden, Kinder? Wenn sie kommen, um uns zu holen, werden wir schon bereit sein. Gewaschen, angezogen, die Taschen gepackt, die Betten gemacht, das Haus aufgeräumt. Nicht sie werden euch mitnehmen, wir sind es, die weggehen werden! Ihr werdet euch saubere Kleider anziehen. In eure Taschen tut ihr ein Kleidungsstück zum Wechseln, ein einziges, um euch nicht unnötig zu beschweren. Wir werden jedem von euch ein Stück Brot geben. Die Reise wird lang sein, weil die Eisenbahnen jetzt nicht besonders gut funktionieren. Sie werden es nicht glauben, die Deutschen, wenn sie euch so bereitstehen sehen! Wir werden uns nicht einmal auffordern lassen, uns in Reih' und Glied zu stellen, wir werden schon aufgestellt sein! In Viererreihen, so wie sie es machen! Sie werden gar nichts mehr sagen können, wir werden alles entscheiden. Und auf mein Zeichen hin werden wir schweigend losgehen, mit erhobenem Kopf, ohne sie zu beachten. Nicht wahr, Kinder?« Alle rufen Ja! Es ist wie ein einziger lauter Schrei. Es wird geklatscht. Der Doktor hat ein ernstes und wie von innen her leuchtendes Gesicht. Ich denke, dass niemand sich durch seine Rede hat täuschen lassen, außer vielleicht die Jüngsten. Aber wir haben alle so getan, als würden wir ihm glauben. Seinetwegen.

Wir verbrachten den Vormittag damit uns fertig zu machen. Alle machten mit. Wir machten die Betten, räumten das Spielzeug in die Regale, säuberten die Schränke, fegten die Zimmer und den Essraum aus. Die kleinen Jungen zogen ihre graue Festtagsuniform an und die kleinen Mädchen ihre weißen frisch gestärkten Schürzen. Neftali, Isaak und Jakob hatten noch keinen grauen Anzug, man lieh ihnen einen, doch der von Jakob war zu klein, die Ärmel reichten ihm bis zu den Ellenbogen. Um vier Uhr kam die jüdische Polizei, um uns zu holen, es waren auch Deutsche dabei. SS-Soldaten in grauer Dienstuniform, aber auch drei Männer in schwarzer Uniform, die neben einem Auto mit dem Zeichen der Sanitätsbehörde der Wehrmacht standen. Ich meinte, dass ich diese schwarze Uniform schon einmal gesehen hätte, jedoch außerhalb des Ghettos, nicht hier. Einer von ihnen verhandelte mit Dr. Korczak, er schien ihn von etwas überzeugen zu wollen, Korczak schüttelte heftig den Kopf, mein Bruder fing an zu weinen, der Doktor nahm ihn auf den Arm, drehte sich auf dem Absatz um und ging zur Spitze der Kolonne, die sich in Bewegung setzte.

Um zum Umschlagplatz zu kommen, hatten wir eine lange Strecke zurückzulegen: raus aus dem Kleinen Ghetto über die Brücke der Chlodna-Straße, dann durch die Gensia-Straße und die Zamenhova-Straße. Isaak war vorn auf Dr. Korczaks Arm. Ich, einige Reihen weiter hinten, trug Neftali, Jakob ging an meiner Seite. Als die Kolonne allmählich zerfiel und die kleinen Beine langsamer wurden, stimmte der Doktor ein Lied an, und alle Großen fielen ein. Wir marschierten schon eine halbe Stunde lang in der brennenden Sonne. Die Erschöpfung machte sich bemerkbar, auch wenn alle versuchten, ihre Miene zu beherrschen und sich nichts anmerken zu lassen. Am Ende der Kolonne, wo wir uns nun befanden, ließ die Begeisterung zu singen nach.

Plötzlich sagte Jakob zu mir:

»Sing, sing, Luna! Sing, los!«

Doch mein Herz war zu schwer, um die kraftlosen Stimmen zu ermutigen, wie Jakob es wünschte, mein Herz war nicht bei meiner Stimme, und ich sagte:

»Nein, Jakob, ich habe keine Lust zu singen.«

Da nahm mein Bruder meine Hand und zog sie so heftig nach hinten, dass ich beinahe hingefallen wäre. Er drückte seine Fingernägel in meine Haut und schaute mir in die Augen. Seine schwarzen, wie Kohle glänzenden Augen versprühten Blitze. Er sagte leise zu mir, jede Silbe hervorhebend, in einem Ton, wie ich ihn noch nie von ihm vernommen hatte:

»Du wirst singen, Lula! Du wirst singen, für mich. FÜR MICH!«

Und er drückte seine Nägel noch ein wenig tiefer in meine Handfläche. Noch nie hatte ich ihn mich Lula nennen hören, wie mein Vater es tat, wenn er zornig war. Und ich sang …

Jüdische Polizisten und SS-Soldaten rannten neben der Kolonne her, die sich wieder in Bewegung gesetzt hatte, und schrien:

»Schneller! Schneller!«

Ich lief ganz am Ende der Gruppe. Plötzlich war der Soldat in der schwarzen Uniform, der mit Korczak verhandelt hatte, an meiner Seite. Ich hatte ihn nicht kommen sehen. Der Deutsche zog mich am Arm. Ich spürte, wie meine Hand der meines Bruders entrissen wurde, ich klammerte mich verzweifelt an ihr fest. Im selben Augenblick erblickte ich Halina, die weiter vorn in der Kolonne marschierte und mir lächelnd ein Zeichen mit der Hand machte, als wollte sie mir damit sagen: »Bravo! Auf Wiedersehen!«. Ich lief neben dem Soldaten, er trug keine Kopfbedeckung. Ich glaubte ihn wiederzuerkennen. Mit meinem Blick suchte ich den Doktor und Isaak, aber sie waren schon mit der Spitze verschwunden. Auch Jakob war weit weg, ich sah, wie er sich umdrehte, sein Gesicht strahlte vor Freude, mich gerettet zu wissen. Und dann verschwand er mit dem Strom. Ich schaute automatisch auf meine Handfläche, als könnte ich seine Hand noch spüren. Drei Kratzer bluteten im Innern meiner Hand. Ich küsste wütend die Wunde, ich biss hinein, damit die Kratzer die Spuren meines Bruders bewahrten. Ich trug Neftali noch immer auf meinem Arm.

Der Deutsche, der mich aus der Kolonne gezogen hatte, stieß mich in das schwarze Auto der Wehrmacht, ich fand mich neben einer Bahre mit einem Kranken wieder, der stöhnte. Ich saß in einem Auto der Sanitätsbehörde. Es fuhr ein Stück und hielt dann an. Der Deutsche öffnete die Tür und sagte auf Polnisch zu mir: »Geh, rette dich! Verstecke dich! Versteckt euch!

Ich hatte mich schon weggedreht und lief so schnell ich konnte davon. Erst da wurde mir bewusst, dass er mich angelächelt hatte.

Es war der Offizier aus dem *Britannia*, der mit den blauen Augen. Ich habe gar nicht erst versucht, das Ganze zu verstehen.

Meine Brüder waren verschwunden.

Den ganzen Abend lang irrte ich, Neftali an mich gedrückt, herum und wagte nicht, nach Hause zu gehen. Ich hatte Angst, dort Soldaten vorzufinden. Ich dachte, alle seien gefangen genommen worden,

Papa, Großmutter Ewa. Schließlich fand ich ein Versteck, einen winzig kleinen Raum, ganz hinten in einer verlassenen Wohnung in der Nowolipie-Straße. Dort blieb ich auf dem Holzfußboden sitzen, aus Angst zu sterben, wenn ich einschliefe. Die Nacht brach herein, Dunkelheit erfüllte das Zimmer. Ich schlief dennoch ein. Es war Neftali, der mich ins Leben zurückholte. Er jammerte leise und zog mich dabei an den Haaren. Der Hunger quälte ihn, aber er war zu schwach, um zu schreien. Ich musste etwas für uns zu essen finden, und ich wagte mich nach draußen. Da traf ich Rosa. Ich sah eine Silhouette rasch an den Hauswänden entlanghuschen und erkannte ihren roten Rock. Nur sie wagte es, einen solchen Rock zu tragen. Wir fielen einander in die Arme.

Rosa berichtete mir, dass Papa vor Schmerz wie verrückt sei. Bei der Nachricht von der Deportation der Waisenkinder Dr. Korczaks war er zusammengebrochen. Sein Überlebenswille verließ ihn. Er klagte sich selbst an, sagte, er habe seine Kinder unbeabsichtigt in den Tod geschickt, weil er sie in die Sliska-Straße gebracht hatte. Dieser Gedanke erschütterte mich fast genauso wie alles andere.

Als ich klein war und Angst vor dem Tod hatte, sagte er zu mir, er sei sehr viel stärker als der Tod. Und ich glaubte ihm. Als ich Rosas Bericht hörte, begriff ich, dass er selbst nicht mehr daran glaubte. Ich war nun diejenige, die ihn beschützen musste, die ihm sagte, dass ich stärker sei als der Tod. Dort, auf der Straße, im Gespräch mit Rosa, kam mir plötzlich der Gedanke, ich müsse für meinen Vater singen. Ich eilte zu unserer Wohnung.

Wir umarmten uns ganz fest. Wir fühlten uns alle wie verloren. Keiner sprach ein Wort, wir taten nichts anderes, als uns schweigend festzuhalten. Papa, Großmutter, Jerzy, Bronka. Danach gingen Jerzy und Bronka still hinaus, und Großmutter Ewa griff nach einem Zipfel ihrer Schürze, um sich die Wangen trockenzuwischen.

Wir setzten uns um den Tisch. Es herrschte eine nicht enden wollende Stille. Papa war am Boden zerstört, er hatte die ausgestreckten Vorderarme auf den Tisch gelegt, seine großen Hände lagen mit gespreizten Fingern flach auf der gelben Wachstuchdecke. Alles schien wie erstarrt, die Zeit, die Tränen, die langsam, wie Wachstropfen an einer Kerze, über sein Gesicht liefen und sich in seinem weiß gewordenen Bart verloren. Unsere Körper, die uns plötzlich zu schwer geworden waren. Meine Großmutter murmelte: »Nun, also ...«

Sie erhob sich schwerfällig.

Mein Vater bewegte sich nicht mehr. Es war, als sei alles zum Stillstand gekommen, als hätte der Blitz eingeschlagen. Er hatte mich wiedergesehen, das war für ihn eine Freude und zugleich auch ein furchtbarer Schmerz gewesen. Das Ende der Qual, nichts zu wissen, und gleichzeitig der Anfang eines Leidens ohne Ende. Meine Brüder, fort für immer.

Wir blieben eine lange Zeit so sitzen, ohne etwas zu sagen, er mit seinem starren Blick und den dicken Perlen, die lautlos über seine Wangen rollten, ohne dass er sich ihrer schämte. Dann erinnerte ich mich daran, was ich einige Stunden zuvor auf der Straße gedacht hatte. Nun schien es mir plötzlich unpassend, aber ich murmelte dennoch leise, um ihn nicht zu durcheinanderzubringen: »Papa, ich würde für dich singen, wenn du möchtest ...«

Ich kleidete mein Angebot ganz schüchtern in die Möglichkeitsform. Doch auf einmal trat mein Vater aus seiner Benommenheit heraus:

»Gleich jetzt ...«

Seine Stimme klang heiser, stimmlos, aber willensstark. Ich schob meinen Kopf an seinen heran und sang ganz leise. Er griff nach meiner Hand auf dem Tisch und schloss die Augen.

Ich sang ein Lied von Schubert, das er liebte. Und dann ein weiteres. Die ganze Zeit über hielt er die Augen geschlossen. Er drückte meine Hand und murmelte:

»Weiter!

Ich weiß nicht, wie lange ich so für meinen Vater gesungen habe, meine Hand von seiner umklammert. Die Dunkelheit brach herein. Seine Tränen hörten auf zu fließen, er öffnete halb die Augen, und ich erkannte das Licht wieder, das zwischen seinen Lidern hindurchschimmerte. Ich habe lange gesungen. Plötzlich verstärkte er den Druck auf meine Hand und sagte mit dumpfer Stimme:

»Den Erlkönig … «

Ich sagte:

»Papa … Nein …«

Und dann sang ich das Lied trotzdem. Ohne Ausdruck, eher so wie man ein Gebet spricht, nicht wie ein gesungenes Lied.

Es war das Lied, das wir früher zusammen hörten, in Zeiten des Friedens und des Grammophons. Das Lied, das mein Vater so sehr liebte, von dem er mir manchmal einfach nur den Text ins Ohr sagte, weil Mama es missbilligte, wenn er Deutsch mit mir sprach. Vor dem letzten Satz hielt er immer inne, vor den schrecklichen Worten: »Das Kind war tot.« Ich flehte ihn an, auch den Schluss zu sprechen, und er tat es mit seiner warmen Klangfarbe, seiner tiefen und vibrierenden Stimme, aber er sang natürlich nicht.

An jenem Tag, an dem ich ihm den Erlkönig in der Küche sang, meinen Kopf an seinen gelehnt, haben wir die Worte des Gedichts zusammen gesagt, wobei die Musik fast ganz in den Hintergrund trat. Ich schaffte es nicht bis zum Ende. Die letzten Worte habe ich nicht mehr ausgesprochen. Wir weinten beide schon lange vorher. Aber ich hatte meinen Vater wieder zurück ins Leben geholt.

Erst viel später erinnerte ich mich wieder an das Lächeln des Deutschen. Damals war es mir nur wie ein andersgearteter Ausdruck unter all den grimassenhaften Gesichtern erschienen. Ein Lächeln allerdings, das ich wiedererkannt hätte, wie ein Fixpunkt inmitten des unglaublichen Schmerzes über den Verlust meiner Brüder. In meiner Erinnerung war das Lächeln weiß, genauso weiß wie der gesamte Augenblick schwarz gewesen war. Und dann vergaß ich es doch.

Eines Abends gegen Ende des Sommers kam es im Halbschlaf wie eine leuchtende Welle wieder zum Vorschein. Es war eigenartig. Ich beobachtete diese Empfindung mit einer fast wissenschaftlichen Neugier. Es war, als wäre dieses Lächeln unabhängig, als hätte es ein Eigenleben. Es sprach für sich selbst. Es schwebte, war von keinem Gesicht begleitet, hing mit keinem Menschen zusammen. Es war weder jüdisch noch polnisch noch deutsch, dieses Lächeln. Es war einfach da. Es war mir lieb. Und diese Liebe erfüllte mich mit einer tiefen Freude, die sich in all meinen Gliedern ausbreitete, bis in die Fingerspitzen, wie eine glückselige Müdigkeit, der man nicht widerstehen kann. Dann versank ich in einen tiefen Schlaf.

Nach den schrecklichen Razzien im Juli und August bestätigte sich das Gerücht, was die Juden in Treblinka erwartete, durch immer zahlreicher werdende Zeugen: Polnische Eisenbahner sagten, dass die Waggons kaum ein paar Stunden später leer zurückkämen. Und dann sei da dieser beißende Rauch gewesen, der sich einem einige Kilometer im Umkreis auf die Brust legte. Mehrere Leute hatten von dem Rauch berichtet.

Das war alles so grauenerregend, dass sich die Juden im Ghetto nicht mehr so gefügig zeigten. Jetzt glaubte niemand mehr an eine Umsiedlung in den Osten. Es wurde schwieriger für die Deutschen, die Razzien zu organisieren. Sie erfanden also eine neue Methode, die darin bestand, jedem Freiwilligen, der sich selbst für die Reise eintrug, drei Kilo Brot und ein Kilo Marmelade zu schenken.

Die ausgehungerten Leute begaben sich zu Hunderten zum Umschlagplatz, wo die Verteilung stattfand. Es war wie Manna, auch für die Deutschen: So viele Juden strömten herbei, dass sie die Anzahl der Waggons verdoppeln mussten!

Ein trauriges Spektakel spielte sich täglich unter unseren Fenstern ab. Kolonnen von Unglücklichen liefen wie eine Schattenarmee schweigend zum Umschlagplatz. Großmutter Ewa schüttelte den Kopf und wiederholte ein ums andere Mal:

»So etwas mitansehen zu müssen! Das mitansehen zu müssen!«

Wo immer man sich im Ghetto befand – es war unvermeidbar, nicht derselben Szene zu begegnen: Abgemagerte, kranke Männer, ausgemergelte Alte, die in Schubkarren transportiert wurden, Handkarren und mit armseligen Besitztümern angefüllte Kinderwagen, die in aller Eile für die Reise zusammengerafft worden waren, Frauen, die weinende Kinder trugen … All das flankiert von deutschen Soldaten, die »Schneller! Schneller!« brüllten.

Und dann, eines Tages, während einer Razzia – ich weiß ich nicht, was in mich gefahren war – wagte ich mich aus meinem Versteck heraus, in das ich mich hastig geflüchtet hatte, um nicht zwangsweise in den Transport eingegliedert zu werden. Es war nicht ein einziger Soldat am Horizont zu sehen. Ich näherte mich einer jungen Frau, die ein Kind auf dem Arm trug.

»Warum gehst du dorthin?«

»Sie geben uns Marmelade.«

»Und nach der Marmelade?«

»Ich weiß es nicht. Sie nehmen uns mit.«

»Weißt du, wo sie euch hinbringen?«

»Nach Treblinka.«

Die Kolonne hatte sie abgehängt, sie begann wieder zu laufen und beschleunigte ihren Schritt.

Ich lief neben ihr her.

»Treblinka, weißt du, was das ist?«

»Ein Arbeitslager vielleicht. Ja, so wird es sein, denn sie haben mich ausgewählt. Ich kann noch arbeiten, ich bin stark, weißt du!«, sagte sie mit zerbrechlicher Stimme.

»Du darfst ihnen nicht glauben ...«

Sie fiel mir ins Wort:

»Auf jeden Fall geben sie uns dort zu essen. Sie haben es uns versprochen. Und vorher bekommen wir Marmelade und ein ganzes Brot.«

Da ich ihren Arm ergriffen hatte und so den Eindruck erweckte, als wolle ich sie aufhalten, befreite sie sich sanft.

»Alles besser als das hier, verstehst du das nicht? Und jetzt lass mich!«

Sie blickte mir fest in die Augen, und ihr Blick schien sagen zu wollen: ›Du, die so aussieht, als ob sie es besser weiß als alle anderen, du sollst wissen, dass es sogar da, wo wir jetzt hingehen, besser sein wird als hier, und dass ich dort hingehen werde; übrigens, sieh nur, meine Beine tragen mich von selbst dorthin.‹

Es stimmte. Ich lief neben ihr her und hatte ihren Arm losgelassen. Sie sagte zu mir:

»Warum kommst du mit?«

»Ich komme nicht mit. Ich begleite dich ein wenig.«

»Also, wenn du dich nicht entschließen kannst, pass lieber auf. Es kann gut sein, dass du dich in der Kolonne wiederfindest, und dann kannst du nicht mehr zurück.«

»Wie heißt du?«

»Helena. Ich habe keine Angst zu sterben. Vorher hatte ich Angst, aber jetzt nicht mehr ... jetzt, da ich weiß ...«

»Da du *was* weißt?«

»Dass es sicher ist.«

Ich verlangsamte meinen Schritt, sie ebenfalls. Ihr Baby schlief friedlich, sein Kopf rollte auf ihrer Schulter hin und her. Also genügte es, sicher zu wissen, dass man sterben musste, um die Angst davor zu verlieren. Aber vielleicht wusste sie ja nicht einmal das sicher. Wir schauten uns einen Augenblick an, meine blauen und ihre schwarzen Augen.

»Ich gehe nicht weiter, Helena.«

Sie lächelte mich an, berührte meinen Arm und rannte dann weiter, um den Anschluss an die Kolonne nicht zu verlieren.

LEBEN

Die Razzien gingen weiter, ein Viertel nach dem anderen, ein Wohnhaus nach dem anderen, mit mathematischer Präzision. Man konnte ihnen nicht entgehen. Abend für Abend erwarteten wir ängstlich die Rückkehr jedes Einzelnen. Wir zählten schweigend: Henryk, Großmutter Ewa, Bronka, Jerzy, Marian … Und jeden Abend grub sich durch diese flüchtige Bilanz unmerklich die Furcht tiefer in unsere Seelen ein. Nur Rosa fehlte, und ihre erneute tagtägliche Abwesenheit, deren Grund ich ja kannte, verstärkte bei mir den anhaltenden Grundton des Leidens, der uns alle beherrschte. Ich hatte sie länger als einen Monat nicht mehr gesehen, seitdem wir uns damals nach der Deportation meiner Brüder zufällig auf der Straße getroffen hatten. Sie hatte mich nach Hause zurück begleitet, war nur geblieben, um uns alle zu umarmen und uns zu sagen, dass sie uns alle liebte, dass sie uns nahe sei, aber wieder gehen müsse, verschwinden. Um auf intensive Weise ihr verborgnes und so zerbrechliches Glück zu leben. Dann war sie auf und davon, und schon war ihr roter Rock hinter der Tür verschwunden.

Eines Abends im September wagte ich schüchtern zu bemerken: »Trotzdem würde ich viel um eine Nachricht von Rosa geben …« Im Ghetto sprach man solche Sätze nicht mehr aus. Meistens waren die, von denen keine Nachricht mehr kam, gefangengenommen worden. Mein Vater runzelte die Stirn, Großmutter Ewa setzte eine unergründliche Miene auf.

Doch als wir Seite an Seite einschliefen, flüsterte Jerzy mir zu: »Sorge dich nicht um Rosa. Ich weiß, wo sie ist.«

»Ich auch, ich weiß: Nalewski-Straße Nr. 33 ...«

»Es gibt keine Nr. 33 in der Nalewski-Straße mehr. Rosa ist wo-anders.«

»Aber warum kommt sie uns nicht besuchen?«, fragte ich ent-täuscht.

»Bei dem, was zurzeit passiert, kann sie kein Risiko eingehen, vor allem will sie keinen von uns allen, die hier leben, in Gefahr brin-gen.«

»Aber du? Woher weißt du, wo sie ist?«

»Luna, ich werde in dieser Nacht das Haus verlassen, und ihr wer-det mich nicht wiedersehen. Zumindest eine ganze Weile nicht ...«

Ich schaute ihn besorgt an.

»Du gehst auch fort?«

»Ich arbeite für den Widerstand.«

Ich hatte es geahnt, aber es so ausgesprochen zu hören, war etwas anderes. Ich war betroffen, wollte mir aber nichts anmerken lassen.

»Ja, und?«

»Nun, die Familien dürfen nicht in Gefahr gebracht werden. Wir haben Orte, die wir geheimhalten. Ich sage dir nicht, wohin ich gehe. Aber ich werde Rosa gewiss sehen. Sag das meinen Eltern. Und dass sich niemand Sorgen machen soll ...«

Er hielt einen Augenblick inne, um den Ernst dessen, was dann folgte, zu unterstreichen.

»Wir haben im Ghetto keine andere Wahl mehr, als zu kämpfen. An dem Tag, an dem wir zu den Waffen greifen, werden auf einen toten Juden fünfzehn getötete Nazis kommen! Wenn wir zweihundert sind oder sogar fünfhundert, macht das zweitausend Nazis, stell dir vor! Wir haben noch eine Chance, sie zu erle-digen!«

Angesichts meiner skeptischen Miene ergänzte er schulmeisterlich:

»Für uns junge Leute ist es sogar eine Pflicht ...«

»Dann werde ich also mitkommen.«

»Nein, Luna, nicht jetzt. Im Moment bist du nicht in Gefahr, hier mit deinem Vater, deiner Großmutter. Sie haben Arbeit. Und außerdem …«

Es machte mich wahnsinnig, all dieses Reden.

»Und was?«

»Du bist zu jung, Luna.«

»Ich bin fast siebzehn!«

»Hmm … Nun gut. Wir sind dabei, uns zu organisieren. In einigen Wochen werde ich vielleicht zurückkommen und dich holen.«

Einige Wochen später kam Jerzy zurück. Aber nicht, um mich zu holen, sondern um uns zu sagen, dass seine Eltern Marian und Bronka aus ihren Werkstätten heraus deportiert worden seien. Die Deutschen fingen an, unter den Arbeitern in den Werkstätten Razzien durchzuführen. Bis dahin waren die Arbeitskräfte mehr oder weniger in Sicherheit. Jetzt war auch das vorbei.

Mehrere Male waren Marian und Bronka der Selektion entgangen. Marian mit seiner hohen Statur schien immer arbeitsfähig zu sein. Jedes Mal war er nach rechts geschickt worden; diejenigen, die für den Transport bestimmt waren, wurden links zusammengepfercht. Bronka hatte schon seit Langem graue Haare, aber sie war fleißig und wirkte sehr belastbar.

»Das hätte ich nie geglaubt …«, murmelte Jerzy. »Normalerweise nehmen die Deutschen nur die Schwächsten … Ich verstehe das nicht. Warum gerade sie?«

Seine Stimme verebbte wie ein dünner Wasserstrahl, der in der Erde versickert. Und die Erde verschluckte die Antwort. Warum sie? Ich legte meine Hand in seine, die warm war und zitterte.

An jenem Abend schlief Jerzy bei uns zu Hause. Am nächsten Tag ging er wieder fort, zu Rosa und den Widerstandsgruppen. Er kehrte nur noch von Zeit zu Zeit zu uns zurück, um zu sehen, wie es uns ging, und um Nachricht von sich zu geben und auch, um Papa zu helfen ein Versteck zu konstruieren.

Jakobs Kratzer brauchten lange, um zu heilen. Ich habe auch nichts unternommen, die Heilung zu beschleunigen. Dieser stechende Schmerz war mein heimliches Stelldichein mit dem Gram. Meine Hand hatte sich entzündet und schwoll an. Sie wurde doppelt so groß. Mehrere Wochen lang ließ ich sie mit einem feuchten, schmutzigen Verband umwickelt, den ich nachts manchmal abnahm. Und in diesen Momenten, in denen ich endlich allein war, an der Grenze zum Schlaf, nahmen die Qualen, die mich heimsuchten, Jakobs Namen an. Ich habe meine Wunde mit dem Salz meiner Tränen desinfiziert, die ich in Gedanken an meinen Bruder vergoss, eine schlaflose Nacht nach der anderen.

Viele Leute hatten Verstecke, mehr oder weniger perfektioniert. Wir verfügten über das altbekannte Versteck hinter dem Küchenschrank, aber man brauchte wirklich nicht besonders schlau zu sein, um das Möbelstück zur Seite zu schieben. Papa und Jerzy fingen an, sich über diese Frage Gedanken zu machen, und das half meinem Cousin, an etwas anderes zu denken als an das Verschwinden seiner Eltern.

Mein Vater hatte einen Freund, Franz, der besaß eine kleine Tischlerei in der Karmelitzka-Straße. Wie durch ein Wunder war sie in Betrieb geblieben; Franz war, ebenso wie auch andere Handwerker im Ghetto, von den Deutschen als wichtig für die Aufrechterhaltung von Handel und Gewerbe eingestuft worden. Er hatte meinem Vater scherzhaft signalisiert, er könne sich noch nützlich machen, wenn der Tag für den Widerstand gekommen sei. Dieser Moment war jetzt gekommen. In Franz' Werkstatt befand sich unter einem riesigen Kamin aus gemauerten Backsteinen, der zum Erhitzen des

Holzleims diente, eine eiserne Falltür. Vollkommen unsichtbar, von einer Feuerstelle verdeckt, die überdies häufig in Betrieb war, gab sie den Weg zu einem unterirdischen Gang frei, der zu einem verlassenen Keller führte, dessen Haupteingang vor langer Zeit zugemauert worden war. Man hatte dorthin also nur von Franz' Kamin aus Zugang. Gegen Ende September fingen mein Vater, Franz und Jerzy an, Gang und Keller als ein Versteck herzurichten, das ausreichte, um ungefähr zwanzig Menschen aufzunehmen. Sie arbeiteten mehr als drei Wochen lang nachts, um die Wände des Tunnels und Kellers zu sichern und den Zugang zur Klappe zu verbergen. Das Ergebnis war wirklich staunenswert. Man musste dreißig Meter lang gebückt gehen, ehe man in einen großen Raum kam, in dem man aufrecht stehen konnte. Dort vermittelten Matratzen, Decken, einige Stühle und ein alter wackliger Tisch auf zwei Böcken den Eindruck eines richtigen Zimmers, in dem man leben konnte. In einer Ecke befand sich ein Möbelstück aus Blech, das dazu bestimmt war, die Nahrungsmittel zu lagern, die man noch auftreiben konnte: Konservendosen, Mehl, Kartoffeln. Drei zusätzliche kleine Tunnel mündeten in winzig kleine Öffnungen unter dem Bürgersteig und dienten der Notunterkunft als Lüftung. Es war wirklich perfekt.

Unser Versteck wurde am 14. Oktober fertig, am Abend vor meinem siebzehnten Geburtstag. Großmutter Ewa hatte darauf bestanden, dass ich meine Kerzen auspustete: »Aber gewiss doch, zeig uns, dass du noch genügend Atem hast, du Faulpelz, sonst wirst du später nicht mehr singen können!« Großmutter hatte sich siebzehn Kerzen besorgt, ein Wunder, ich weiß nicht, wie sie das angestellt hatte. Doch mein schönstes Geschenk war, dass Rosa kam. Als die Kerzen brannten, sah ich, wie sie in unserem Versteck eintraf, ich hatte schon ihre Stimme, ihr Lachen durch den unterirdischen Zugang vernommen. Ein unermesslich großes

Geschenk. Auf diese Weise weihten wir unsere Notunterkunft ein. Ein Augenblick des Glücks in einem langen Tunnel von Katastrophen …

Eines Abends im Oktober, der Tag neigte sich seinem Ende zu, erblickte ich den Mond am Ende der Sliska-Straße, direkt über der Mauer. Ein voller, gütiger, orangefarbener Mond, wie eine reife Frucht. Gleich würde die Sperrstunde beginnen. Ich wurde von einem starken Glücksgefühl überwältigt. Etwas in mir sang, sang zu diesem Mond hinauf, etwas, das sagte: »Das Leben ist überall, voll und ganz, wie der Mond über dieser Mauer, vor diesem tintenfarbenen Himmel.« Der Gedanke, dass er genau über dieser Mauer des Ghettos stand, erfüllte mich mit einem Gefühl der Freiheit. Millionen von Menschen auf der Welt betrachteten ihn, doch an diesem Abend war er für mich da, er schaute mir in die Augen und sprach zu mir. Nie hatte ich ihn so rund und so nah gesehen. Und dann dachte ich, dass wir eigentlich zu zweit waren, er, der Mond, und ich, Luna. Ihm verdankte ich, dass mein Vater mich ihm gewissermaßen gewidmet hatte, als er mir auf Grund meiner »Mondenstimme« meinen Beinamen gab. Der Mond löste sich nun von der Mauer. Zunächst wurde er kupferfarben, dann golden. Ich bekam Lust zu singen, und als ich sah wie er langsam am Himmel nach oben wanderte, wich meine Sehnsucht zu singen der Sehnsucht nach Stille. Ich war eben eine kleine Jüdin aus dem Ghetto, der Mond hatte einen Moment lang über meiner Mauer gestanden und mich angeschaut. Tränen stiegen mir in die Augen, und ich dankte Gott, dass er mir dieses Zeichen gesandt hatte.
Als ich weiterging, dachte ich: »Wem ein Stück Himmel gehört, dem gehört der ganze Himmel.« So musste es seit Ewigkeiten gewesen sein, aber ich brauchte diesen Mond, um das zu erkennen. Im Ghetto betrachteten wir den Mond nicht mehr.

An dem Tag, an dem mein Vater die blaue Vorladung vom Judenrat erhielt, hatte er sofort Angst um Großmutter Ewa. Nach seinem Rücktritt hatte Ysroel eine kleine Arbeit als Putzfrau für sie gefunden, die sie vor den Deportationen schützte. Warum also heute dieses blaue Papier? Wir versuchten uns zu beruhigen. Vielleicht sollte sie zu anderen Zeiten arbeiten, den Arbeitsplatz oder die Funktion wechseln?

Papa hatte noch nie seine Gefühle verbergen können. Als er vom Briefkasten zurückkam, sah er mitgenommen aus. Er ließ sich auf den Hocker sinken und legte den Kopf in seine großen, vom Gips gebleichten Hände. Ich ging zu ihm hin.

»Papa …«

Er antwortete nicht, sondern kratzte sich ungestüm die Kopfhaut, ohne aufzublicken. Dann hustete er und fuhr sich heftig mit der Hand über das Gesicht.

»Papa, was ist passiert?«

Am anderen Ende des Zimmers verschnürte Großmutter Ewa ein Paket und sang dabei fröhlich vor sich hin, um uns zu zeigen, dass wir ungestört reden konnten und sie uns nicht zuhörte. Dennoch erhob sich Papa, ergriff meine Hände und zog mich ins Treppenhaus. Als wir den ersten Stock erreichten, sagte er zu mir:

»Ich habe vierundzwanzig Stunden, um meine Mutter zu überreden, zum Umschlagplatz zu gehen.«

Er verzog das Gesicht zu einem eigenartigen Grinsen, einer Grimasse, als wolle er die Zähne zusammenbeißen. Seine Hände verkrampften sich, bis die Knöchel weiß wurden, ein trockenes Schluchzen schüttelte seinen ganzen Körper. Ich war bestürzt. Behutsam berührte ich seine Schulter.

»Papa … Ich werde an ihrer Stelle gehen. Ich habe mich schon einmal retten können, ich kann schnell rennen …«

Er befreite sich mit einer ungeduldigen Handbewegung und sagte in einem Ton, in dem plötzlich wieder seine alte Strenge lag: »Nein, Luna, du wirst nicht gehen. Darüber wird nicht diskutiert.« Er ergriff meine Arme, drückte sie so, dass er mir wehtat, und sagte tonlos:

»Man fordert mich auf, Großmutter Ewa auszuliefern. Meine eigene Mutter ...«

Es war zum Verrücktwerden. Wir begannen zu reden, als könnten wir so die Zeit in die Länge ziehen:

»Aber ... Was ist mit ihrer Arbeit beim Judenrat?«

Mein Vater schüttelte verzweifelt den Kopf. Inzwischen blieb niemand mehr verschont. Die deutsche Maschinerie bewegte sich wie ein Bulldozer vorwärts und zermalmte alles, was sich ihr in den Weg stellte. Es gab keine Regeln, keine Gesetze mehr.

»Das funktioniert nicht mehr«, sagte er und zuckte mit den Schultern. »Ich habe es natürlich Hersch signalisiert, dem Mitarbeiter beim Judenrat. Er hat mich wissen lassen, dass deine Großmutter ihre Arbeit am 19. Juli angetreten hat, um den Umsiedlungen in den Osten zuvorzukommen. Im Übrigen sei ich selbst am 26. zurückgetreten ... Was soll ich dir sagen? Er hat alles genau verstanden. Laut ihren Gesetzen ist Großmutter zu alt zum ...«

Er sprach nicht zu Ende. Die Tränen übermannten mich. Wir standen da, in der Dunkelheit des Treppenhauses, und hielten uns aneinander fest. Und dann gingen wir wieder hinauf in die Wohnung. Wir konnten nichts weiter tun. Papa hielt im Dunkeln meine Hand. Ich spürte seine Kraft, diese besondere Mischung aus Zerbrechlichkeit und Entschlossenheit, die wie elektrischer Strom durch den Druck seiner Hand drang, und ich fühlte, dass dieser Moment für immer in meinem Gedächtnis verankert bleiben würde. Für immer, für »danach«; ich wusste schon, dass es ein »Danach« geben würde, ein »mich ohne ihn«.

Beim Betreten der Wohnung hatte ich keine Ahnung, was mein Vater sagen würde, noch was wir tun würden.

Großmutter sang immer noch, wir hörten sie schon, sobald wir oben an der Treppe standen. Sie hatte Neftali unter den Küchentisch schlafen gelegt. Als wir die Tür öffneten, sahen wir, wie sie ein Stück Papier viermal faltete und unter meine Matratze legte. Ihr ganzes Gesicht lachte, sogar ihre Falten in den Augen- und Mundwinkeln. Dann fuhr sie mit ihrer Beschäftigung fort. Wir blieben befangen stehen. Auf einmal sagte sie:

»Was habt ihr beiden denn, dass ihr so ein todtrauriges Gesicht macht?«

Das war zuviel. Papa murmelte:

»Mama ...«

Sie fiel ihm ins Wort:

»Ich weiß, Henryk. Du brauchst dich nicht so zu quälen. Weine, wenn du willst, solange ich da bin, um dich zu trösten. Ich bin deine Mutter, die dich liebt, und selbst dort« – sie machte eine unbestimmte Handbewegung in Richtung der Decke – »werde ich euch beide lieben, genauso wie heute.«

Mit einer heftigen Geste ergriff sie das Paket auf dem Tisch.

»Alles ist vorbereitet, ich lasse euch. So ist nun einmal der Lauf der Dinge, dass eine alte Ziege vorher geht. Selbst Jesus hätte nicht das Gegenteil gesagt. Da bin ich mir sicher!«

Sie lachte kurz auf. Schon stand sie auf der Türschwelle. Papa versuchte sie zurückzuhalten.

»Warte, Mama! Jetzt ist Sperrstunde. Warte!«

»Nein, ich gehe sofort. Ich kann das selber entscheiden. Jetzt oder später, das ist egal; es ist besser jetzt. Meine Luna, da ist ein Brief für dich unter der Matratze. Gott beschützt euch, noch kann er es, seid euch dessen ganz sicher! Also, dann mal los! Ich liebe euch sehr!«

Leise schloss sie die Tür hinter sich. Wir hörten sie singend die Treppe hinuntergehen. Ich eilte zum Fenster. Von dort sah ich, wie sie in der Dunkelheit in Richtung Umschlagplatz verschwand.

Meine kleine Luna, mein Mondstrahl, meine Wunderschöne, sei nicht traurig. Die Alten müssen vor den Jungen gehen. Es sind nicht die Deutschen, die das gesagt haben, es ist der liebe Gott. Erstens ist das Leben so beschaffen und zweitens werfen wir Schatten, wir hindern euch daran groß zu werden. Ich gehe, weil meine Zeit gekommen ist. Wenn Du das verstanden hast, wirst Du nicht mehr traurig sein können. Es gibt einen französischen Dichter, er heißt, glaube ich, Ronsard (dein Vater kann es Dir sagen), der hat in einem seiner Gedichte geschrieben: »Die Zeit vergeht, die Zeit vergeht ermattet, Herrin! Nein, nicht die Zeit vergeht, doch wir geh'n fort.« Nun, siehst Du, meine Luna, heute bin ich diejenige, die fortgeht. Ich verlasse Dich in dem glücklichen Wissen, dass Du leben wirst. Das ist keine Hoffnung, das ist ein Befehl! Du kennst mich, ich bin sehr autoritär! Geh Deinen Weg, mein Liebling! Du hast das schönste aller Geschenke mitbekommen, Deine Mondenstimme, wie sie Dein Vater nennt. Diese Stimme wird Dir alle Türen öffnen, sogar die des Ghettos. Ich weiß, dass Du leben und glücklich sein wirst. Und deshalb, das sollst Du wissen, kann ich glücklich von hier fortgehen.

Ich hab Dich lieb.

Deine Großmutter Ewa

Ich habe diesen Brief den ganzen Krieg über bei mir behalten. Er hat mich begleitet, war für mich ein Lebenselixier und ein Talisman. Ich besitze ihn noch heute.

Als ich Rosa an diesem Tag in der Mila-Straße im Sonnenschein erblickte, trug sie denselben roten Rock wie damals im August, als ich sie nach dem Verschwinden meiner Brüder auf der Straße getroffen hatte. Mir wurde bewusst, dass ich Rosa in meiner Vorstellung immer nur in diesem Rock mit seinen um die Knöchel schwingenden weiten Falten vor mir sah, und mir stand wieder jener Sommermorgen vor Augen, an dem sie im Laufschritt bei Dr. Korczak vorbeikam – und meine Brüder, meine beiden Lieblinge. Das Rot ihres Rockes war wie der blutrote Schleier der Sonne hinter meinen geschlossenen Augenlidern, grell, wie ein Brandmal.

Danach dachte ich daran, dass sie das mit Großmutter Ewa nicht wusste, und warf mich in ihre Arme. Da spürte ich ihren Bauch. Mit einem Ruck wich ich zurück.

»Rosa!«

Sie starrte mich eine Sekunde lang mit einem neugierigen Lächeln an. Und dann brach sie in Lachen aus.

»Luna! Du wusstest es nicht?«

Sie lachte in kleinen Stößen, hell und schillernd, wie das Licht in einem Prisma, perlende, fröhliche Töne. Und all das, dieses Lachen, der gewölbte Bauch, war so unerwartet, so überraschend, dass auch ich lachte. Rosa zog mich an sich, dann fragte sie mich, plötzlich ernster, als schämte sie sich, so im Mittelpunkt zu stehen:

»Aber du? Du ...?«

Sie erwartete nicht wirklich eine Antwort. Sie drückte sanft meine Schulter.

»Ich weiß das mit Großmutter Ewa. Ich weiß es, mein Schatz, ach mein Schatz ...«

Wir blieben umschlungen stehen. Ich spürte, wie sich ihr Bauch bewegte.

Rosa lebte seit zwei Monaten mit Yankel zusammen. Sie schliefen einen Tag hier, einen Tag dort. Wenn sie eine leere Stätte fanden, eine verlassene Wohnung, ein freies Zimmer, und war es noch so klein, einen Dachboden, blieben sie dort einige Tage. Sie bestanden beharrlich auf dieser Intimität, und es gelang ihnen offenbar, sie zu bewahren. Wenn Yankel für einige Tage wegging, auf die andere Seite der Mauer, suchte er zuerst einen sicheren Ort für Rosa. Mein Vater und Jerzy sahen sie bei den Versammlungen, wussten jedoch nicht, wo sie lebte. Ich fragte sie ängstlich, ob mein Vater von ihrer Schwangerschaft wisse.

»Nein, ich glaube nicht. Doch sie beginnt allmählich sichtbar zu werden, er wird es am Ende bemerken.«

Trotz ihres Zustandes war Rosa äußerst aktiv. Sie kümmerte sich darum, die Leute, die ihre Kinder herausbringen lassen wollten, mit den bestehenden Gruppen in Kontakt zu bringen. Es gab mehrere Schleichwege, die von dem verborgenen Ausgang unter den Abfallkübeln zu denen des Gerichts in der Lezno-Straße oder durch die Abwasserkanäle oder auch über die Mauer führten. Mit ihrem ins Rötliche gehenden Haar, ihrem schmalen und ausdrucksvollen Gesicht, dem Glanz ihrer dunkelgrünen, wie in Gold gefassten Augen sah Rosa viel zu »jüdisch« aus, um sich auf die andere Seite der Mauer wagen zu können. Sie kümmerte sich um die Kinder nur innerhalb des Ghettos. Sie wusste nicht, wo diese Kinder später hinkamen, wenn sie einmal herausgebracht und vertrauenswürdigen Menschen übergeben worden waren.

Rosa verkündigte mir an jenem Tag begeistert, dass sich die politischen Parteien im Ghetto endlich darauf geeinigt hatten, ihren Widerstand gemeinsam umzusetzen. Yankel und einige Namen, die ich schon vernommen hatte, gehörten zu den Architekten dieser Neuformierung. Die Jüdische Kampforganisation (ZOB) war gegründet worden.

»Luna, jetzt musst du zu uns kommen. Ich werde mit deinem Vater sprechen.«

Ich lächelte in mich hinein. Als ob ich noch ein Kind war! Als müsste mein Vater mir seinen Segen geben! Seit dem Verschwinden meiner Brüder war es, als seien die Rollen vertauscht, nun war ich es eher, die ihn beschützte. Das wusste Rosa zweifellos nicht. Dennoch war ich stolz. Rosa lud mich gewissermaßen offiziell ein, am Widerstand teilzunehmen. Ich war kein kleines Mädchen mehr. Die Versammlung, zu der ich an jenem Abend eingeladen war, hatte einen außergewöhnlichen Charakter. Rosa sagte mir, dass sie sich normalerweise selten mit mehr als zwölf Personen versammelten. Dieses Mal waren wir in dem geräumigen Keller gut vierzig. Mehrere Gruppen waren zugegen. Hillel, der Leiter der Gruppe, wollte eine Mitteilung machen. Zusammen mit ihm hatten sich einige Monate zuvor mein Vater und der Pole Wladek auf die arische Seite begeben, um, allerdings vergeblich, zu versuchen, die polnischen Widerständler zu überzeugen, mit uns gemeinsam zu kämpfen. Von dem Moment an, als er den Raum betrat, war ich von seinen energischen, ja fast harten Zügen beeindruckt, sein Antlitz war schmal und hager. Ich musterte Hillels unnahbares Gesicht, während er in dem alten Autositz versank, der ihm als Sessel diente, und es schien, als sähe er uns nicht. Er legte die Hände aufeinander, führte sie vor seinen Mund, zog die Stirn in Falten, und seine Augen wurden zu zwei engen Schlitzen, wie bei einer schlummernden Katze. Das Durcheinander hörte auf, es wurde still. Hillel blieb regungslos wie ein Felsen. Wir warteten.

Das Warten war unser vertrauter Begleiter. Es erstreckte sich vom unmittelbaren Moment bis in die ungewisse Zukunft, und es war immer gleichbedeutend mit Angst. Auch an jenem Abend war wie immer die Beklemmung allgegenwärtig, und unsere Herzen krampften sich zusammen.

Worauf warteten wir in jenem Oktober 1942? Das Schlimmste

war doch schon geschehen. Dennoch würde sich noch etwas Unerwartetes ereignen, wir wussten es. An dem Tag, an dem die Mauern errichtet und die Eingänge geschlossen worden waren, hatten die Juden zueinander gesagt: »Das war es also!« Aber dieses »es« hatten sie schon immer mit sich getragen. Die Ghettos gehörten zur tausendjährigen Geschichte der Juden in der Diaspora dazu. Sie sagten: »Und jetzt?« und begannen wieder zu warten. Danach kamen die Razzien, die Hinrichtungen, der Typhus, die Hungersnot. Wir sagten: »Da haben wir's.« Das Leben im Ghetto, von so vielen Schmerzen, Toden geprägt. Dazu die Deportationen. Eine leise Stimme murmelte immer: »Wir kommen da schon irgendwie heraus.« Und das Warten ging weiter.

Ich glaube, dass dieses Warten, solange das Ghetto existierte, zu den Qualen gehörte, die niemals endeten.

Ende Oktober dieses Jahres nahm die Angst dennoch eine neue Gestalt an. Einem Mann namens Flink, der zu unserer Organisation gehörte, war es gelungen, bei der Ankunft des Zugs in Treblinka zu entkommen. An jenem Abend warteten wir in unserem Keller auf diesen Mann. Die Geschichte, die wir hören sollten, hatten schon mehrere Zeugen berichtet. Aber es war das erste Mal, dass wir sie von einem Betroffenen höchstpersönlich erzählt bekommen würden.

Hillel erhob sich.

»Ihr wisst vielleicht, dass Noach Flink es geschafft hat, zu fliehen und ins Ghetto zurückzukommen ...«

Diese Neuigkeit wurde mit tiefem Schweigen entgegengenommen. Die meisten wussten davon, ich nicht. Hillel fuhr fort:

»Für die, die noch daran zweifeln ... Es gibt selbstverständlich keine Ostumsiedlung. Noach wird euch selbst davon erzählen.«

In diesem Augenblick trat Noach aus dem Halbdunkel hervor. Bei der schwachen Beleuchtung vermeinte man eine lebendige Leiche zu sehen, und ich griff nervös nach Rosas Hand. Noach setzte sich neben Hillel und sprach mit heller Stimme:

»Ich bin am Freitag, dem 20. September, vom Umschlagplatz abgefahren. Wir sind mehrere Stunden so eng zusammengepfercht gewesen, dass wir kaum atmen konnten. Einige Menschen waren an Erstickung gestorben, als man den Waggon öffnete. Von der Verladerampe hat uns die SS zu einer Baracke geführt, wo wir uns ausziehen sollten, bevor es zu den Duschen ging. Es ist mir gelungen mich zu retten, ich konnte zu einem benachbarten Gleis schleichen und mich in einem Kohlewaggon verstecken. Dort verkroch ich mich unter dem Kohlehaufen ... ich habe die Schreie gehört ... die Duschen sind Gaskammern ...«

Er hielt einen Moment lang inne, bevor er weitersprach:

»Es tut mir leid für diejenigen unter euch, deren Familienangehörige ...«

Er unterbrach sich, schaute Hillel an, der ihm mit angespanntem Gesicht ein Zeichen machte, fortzufahren. Rosa flüsterte mir zu, Hillels schwangere Frau sei im August dorthin gebracht worden. Ich dachte an meine Brüder, an meine Großmutter Ewa. Wir hatten alle schon jemanden verloren. Jedes weitere Wort von Noach würde wie ein Dorn in das Fleisch eines jeden von uns dringen. Wir wussten es, doch wir wollten, dass er erzählte.

Noach Flink erzählte alles. Er redete gesetzt, als hinge von seiner Ruhe und Genauigkeit die Mobilisierung der allerletzten Kraft ab, die für den Kampf notwendig war. Es war die Geschichte, die jeder kannte, die aber keine Vorstellungskraft in Worte zu fassen vermochte. Sie wartete nur darauf, dass eine warme menschliche Stimme ihr Leben verlieh: Das Schlimmste existierte wirklich, das Undenkbare spielte sich täglich einige Dutzend Kilometer von Warschau entfernt ab. Als Noach zu Ende gesprochen hatte, ergriff Hillel das Wort:

»Wir müssen diese Neuigkeit, die keine ist, als das entscheidende Argument dafür nehmen, dass wir nichts mehr zu erwarten haben, und uns auf den Endkampf vorbereiten. Wir müssen kämpfen bis in den Tod ... Wir brauchen mehr Freiwillige, die bereit sind, das Ghetto zu verlassen und zu der Belmer-Gruppe zu stoßen, die schon dabei ist, Waffen zu organisieren. Mehr Freiwillige, um unsere Kinder herauszubringen. Du, Judith? Dolek? Janusz? ... Ich meldete mich.

Am 6. November 1942 fand ich mich auf der anderen Seite der Mauer wieder. Es hatte kurz davor geschneit. Es war schon sehr kalt, und auf beiden Seiten der Straße hatten sich Schneeverwehungen, so hart wie Bretter, aufgetürmt. Nicht nur der glatte, gefrorene Boden, sondern auch die Erregung darüber, mich allein hier draußen zu befinden, ließ meine Schritte unsicher werden.

Ich sollte eine polnische Familie finden, die bereit war, Neftali zu verstecken – mein erster Auftrag. Papa und ich hatten zu viel zu tun, um uns jeden Tag um ihn zu kümmern. Und der Organisation ging es darum, die Kapazitäten unsrer Gruppen in Bezug auf das Herausschmuggeln von jüdischen Kindern zu verdoppeln. Mit meinem sicheren Auftreten, meinem »polnischen« Gesicht, meinen blonden Zöpfen und meinen blauen Augen war ich sofort dazu ausersehen worden, auf die andere Seite der Mauer zu gehen. Außerdem hatten sich Yankel und mein Vater schon dorthin begeben, sie hatten Anlaufstellen, wo ich mich verstecken und übernachten konnte, darunter auch ein Kloster mit polnischen Nonnen in der Sewerynow-Straße, unweit des Ghettos.

Ich bin also um sechs Uhr morgens mit den jüdischen Arbeitern, die »draußen« arbeiteten, hinausgezogen. Nachdem ich die Furcht, in der Arbeiterkolonne entdeckt zu werden, überstanden hatte, musste ich an Taras Blick vom Vorabend denken. Tara war eine Kameradin aus der Gruppe. Hillel hatte mich soeben als eine derjenigen ausgewählt, die nach draußen durften. Ich war auf einmal so glücklich, dass ich sie zunächst nicht bemerkte. Dann durchbohrte mich ihr Blick wie ein Stachel. Da war diese junge Frau, kaum älter als ich, die mich mit Augen voller Hass anstarrte. Ich begriff nichts, aber ich empfand ein gewisses Unbehagen und erzählte Rosa beim Hinausgehen davon. Sie zuckte mit den Schultern.

»Achte nicht darauf, Luna, Tara ist ein komisches Mädchen ...« Das war alles. Ich habe nicht mehr daran gedacht.

In diesem Augenblick an jenem frühen eisigen Morgen, als die Kolonne sich auflöste, durchbohrte mich der schwarze Blick von Neuem. Was hatte ich getan? Was hatte sie gegen mich? Reine Eifersucht, weil sie nicht hinauskam? Ungefähr zehn Meter entfernt brüllten die deutschen Wachposten. Ich vergaß Tara. Ich erinnerte mich an die Zeit in meiner Kindheit, in der ich mich im Spiel darin übte, mich genauso polnisch wie jüdisch, russisch oder sogar deutsch zu fühlen. Jetzt, in diesem Moment, war ich froh, dass ich dieses polnische Gesicht hatte.

Warum musste ich an Tekla denken, meine Freundin von früher, statt mich lieber direkt zu den Nonnen zu begeben? Die Erinnerung an sie hatte mich nur noch von Zeit zu Zeit gestreift, seit wir uns auf unterschiedlichen Seiten der Mauer befanden. Dennoch, in dem Augenblick, in dem ich den Boden außerhalb des Ghettos betrat, galt mein erster Gedanke ihr. Ich zweifelte nicht einen Moment lang an meinem Vorhaben. Tekla war, recht betrachtet, jemand, der damals zu meiner Familie gehört hatte, meine beste Freundin. In meinen Kindheitserinnerungen gehörte sie instinktiv in die friedliche Zeit.

Als ich einige Monate zuvor die Siena-Straße hinaufgegangen war, hatte ich unwillkürlich zu den Fenstern von Nr. 17 hochgeschaut.

Sie waren zugemauert. Es gab seit langem keinen Polen mehr in der Siena-Straße. Ich hatte keine Ahnung, wo sich Tekla und ihre Familie befinden mochten.

In einem Café fand ich endlich ein Telefonbuch von Warschau. Vielleicht hatte Tekla ja einen Telefonanschluss. Leider standen in dem Buch mehr als zwanzig Kaminskys, und da es sehr viele Judenverräter unter den Polen gab, konnte ich nicht das Risiko eingehen, zwanzig Leute anzurufen. Dennoch hielt ich an meiner Idee fest. Ich war sicher, dass Tekla mich empfangen und mir helfen würde.

Als ich das Café verließ, entschloss ich mich, einfach in der Nähe der Adressen herumzuspazieren, die das Telefonbuch unter dem Namen Kaminsky aufführte.

Ich hatte Glück. Am frühen Nachmittag erblickte ich Tekla, als sie in das Haus in der Mashalkowska-Straße Nr. 8 hineinging. Das war mein dritter Unterschlupf, ganz in der Nähe eines der Ghettotore.

Ich wartete einige Augenblicke und betrat dann selber das Wohnhaus. Ich sagte in meinem reinsten Polnisch zu der Hausmeisterin, dass ich einen Termin mit Frau Kaminsky hätte. Die Hausmeisterin meinte, Frau Kaminsky sei nicht zu Hause, aber ihre Tochter sei sicher da, sie habe sie kurz zuvor hineingehen sehen.

»Es ist im dritten Stock links, falls Sie es nicht wissen.«

Ich klingelte. Tekla öffnete und blieb sprachlos auf der Türschwelle stehen. Ich lächelte sie an und machte Anstalten einzutreten. Sie rührte sich nicht, es schien, als müsse sie sich an der Tür festhalten.

»Was machst du hier, Luna, bist du wahnsinnig! Du könntest uns alle in Gefahr bringen!«

»Bist du allein, Tekla?«

Ihre Mutter arbeitete und ihr Bruder war nicht da.

»Kann ich fünf Minuten hereinkommen …«

Sie ließ mich widerwillig ein. Ich hatte schon aus der Art, wie ihr Körper sich leicht aufrichtete, geschlossen, dass von ihrer Seite wahrscheinlich nichts zu erwarten war. Dennoch beharrte ich im Namen unserer Kinderfreundschaft, im Namen der Musik: »Erinnerst du dich an den Chor, Tekla, danach kamst du mit zu mir nach Hause. Meine Mutter ... Tekla, weißt du das von meiner Mutter?«

Ihr Blick war verschlossen. Sie zuckte mit den Schultern. Sie wusste es nicht, es war ihr gleich. Es war entsetzlich, ich konnte so nicht fortgehen. Ich sprach weiter:

»Erinnerst du dich nicht? Wir spielten ›Ich bin polnisch, du bist jüdisch‹. Du sagtest *Masel tov!‹* und ich hieß Lula Kaminsky. Meinen Vater brachte das zum Lachen.«

Tekla lachte nicht. Sie betrachtete die Spitzen ihrer mit Eisenkappen versehenen Schuhe mit derselben eigensinnigen Miene, die sie bereits als Zehnjährige immer aufgesetzt hatte. Sie zeigte keinerlei Lust mehr, dieses Spiel zu spielen. Es gelang ihr nicht einmal, eine Art Grimasse zu ziehen. Sie war dicker geworden, während bei uns alle mager wie Skelette waren. Ich betrachtete neidisch ihre Brüste. Sie schwieg.

»Wir haben so viele Dinge zusammen unternommen, Tekla, wir haben sogar das *Magnificat* von Bach in der Sankt Ignatius Kirche gesungen ...«

»Ich singe nicht mehr ...«

Der Ton war hart, fast gehässig. Ich gab es auf, weiter in sie zu dringen, und erhob mich mit ausgestreckter Hand.

»Auf Wiedersehen, Tekla.«

Sie zitterte leicht, sie streckte mir widerwillig eine feuchte Hand entgegen. Zum ersten Mal seit Beginn unserer Begegnung sah sie mir geradewegs in die Augen.

»Kein Wiedersehen. Du darfst nicht wiederkommen. Mein Bruder ist ein *Schamelkovnik,* ein Judenverräter. Wenn er dich erblickt, wird er dich zum Singen bringen.«

Sie lachte kurz unangenehm auf, als amüsierte sie sich über ihren eigenen Witz.

»Er wird dir folgen, er wird dich zum Singen bringen, dich und alle anderen. Er kann den Juden sehr viel Übles antun ...«

»Juliusz?«

Ich konnte es nicht fassen. Ihr großer Bruder, vor drei oder vier Jahren noch kaum ein Jugendlicher, der uns, die Kleinen, ärgerte, aber auch dazu brachte, dass wir Tränen lachten, und der seine Schwester bei mir zu Hause abholte, wenn es Zeit fürs Abendessen war. Es gab keinen Vater, Juliusz war ein wenig der Mann in der Familie. Ich hatte niemals auch nur die geringste Feindseligkeit bei ihnen wahrgenommen.

»Mama auch. Sie weiß es sehr wohl, das mit Juliusz. Sie sagt jetzt, wie viele der Polen, dass ihr ... ich meine, dass die Juden uns immer Pech gebracht haben.«

Ich schaute sie an; ich beneidete sie nicht mehr wegen ihres Busens. Ich fand Tekla dick und bemitleidenswert. Als ich wieder auf der Straße stand, sagte ich mir, dass die menschliche Natur definitiv noch erstaunlicher war als alles, was ich mir in meinen Kinderspielen hatte vorstellen können.

Ich hatte mir die Adresse der polnischen Nonnen gemerkt; ich weiß nicht warum, aber der Gedanke, den kleinen Neftali zu ihnen zu bringen, in eine Umgebung, die ihm völlig unbekannt war, tat mir weh.

Dann dachte ich an Wladek. Der eisige Empfang bei Tekla erinnerte mich an seine Warnungen im letzten Winter, die mein Vater damals nicht hatte hören wollen. Mit der Zeit hatte er schließlich die Tatsachen akzeptiert, weil er mir von seinem einzigen und letzten Versuch mit dem polnischen Widerstand erzählt hatte.

140

Er hatte sich voller Hoffnung zu dieser Versammlung begeben. Er zweifelte trotz Wladeks Warnungen nicht daran, dass er die Unterstützung der Polen erhalten würde. Doch die jungen Leute der *Armja Krajowa* hatten sich ausweichend geäußert, sie hatten ihm zahlreiche praktische Schwierigkeiten entgegengehalten und vage Versprechungen gemacht. Wladek hatte versucht, seine Landsleute aus ihrer Lethargie aufzurütteln, hatte mit dem für ihn so typischen Eifer das Schicksal des Ghettos beschworen. Er hatte sogar hinzugefügt: »Wir haben nur einen Feind, einen einzigen: Hitler.« Wladeks Äußerungen wurden mit verschämten Blicken aufgenommen. Mein Vater war ebenfalls aufgestanden und hatte gesagt: »Ich bin Jude, aber meine Mutter ist Polin. Ich komme aus dem Ghetto, wo ich mit drei Kindern und meiner Mutter lebe, die lieber unser Elend mit uns teilt als ihren Status als Polin auszunutzen. Im Namen ihres Mutes und dem des polnischen Volkes, im Namen des jüdischen Volkes, das entschlossen ist, eher mit der Waffe in der Hand zu sterben als sich zu beugen, beschwöre ich euch, die ihr den Widerstand und die Ehre Polens repräsentiert: Helft uns, Waffen zu beschaffen! Lasst uns einander helfen, die Nazis zu besiegen!«

Trotz dieser heroischen Ansprache fiel die Antwort lau und lustlos aus. Als er mir von dieser erbärmlichen Versammlung erzählte, schüttelte mein Vater ungläubig den Kopf. »Ich wollte es nicht glauben, aber ich habe es selbst erlebt.«

Ich wollte es auch nicht glauben. Und ich hatte es gerade dasselbe erlebt. Tekla, die Freundin aus meinen Kindertagen …

Als sie die Versammlung verlassen hatten, hatte Wladek zu meinem Vater gesagt: »Nun weißt du es. Keine einzige Organisation hier in Polen engagiert sich auf der Seite der Juden. Vielleicht einzelne Männer, die noch ein Gewissen haben. Man muss Männer, nicht Organisationen kontaktieren.«

Heute fiel mir das alles wieder ein, alles, was Wladek vor so langer Zeit gesagt hatte und was wir nie hatten akzeptieren können. Seitdem waren so viele Dinge geschehen. Meine Brüder, meine Großmutter waren verschwunden. Ich war der ZOB beigetreten, ich hatte Rosa getroffen, Hillel und auch Yankel, Noach, Alex, Sarah. Meine neue Familie. Ich hatte Wladek nicht wiedergesehen. An jenem Tag entschloss ich mich, die seit sechs Monaten in meiner Schuhsohle versteckte Adresse aufzusuchen.

Bielanska-Straße Nr. 3. Das war nicht weit von der Mauer entfernt. Ich durchquerte ein gutbürgerliches Viertel mit breiten, von Bäumen gesäumten Straßen, und kam an einem Markt vorbei. Der Hunger war im Ghetto so allgegenwärtig, dass mir allein schon die Vorstellung ungehörig erschien, den Blick auf die so dargebotene Nahrung zu richten. Mir lief buchstäblich das Wasser im Mund zusammen. Bei einem Brötchenhändler musste ich mich zwingen, nicht anzuhalten und die wenigen Zlotys auszugeben, die mir die Organisation anvertraut hatte. Die Leute waren warm angezogen, die Frauen trugen Pelzkrägen und Hüte. Ich konnte es nicht fassen. Zwei Schritte vom Ghetto entfernt, mitten im Krieg, lebte man also so gut?

Ich betrat einen riesigen Bogengang mit Holztäfelung, auf der eine Fülle von Früchten im Halbrelief dargestellt war. In der Empfangshalle überkam mich panische Angst. Vielleicht hatte ich mich geirrt, hatte falsch gelesen, falsch verstanden? Flüchtig prüfte ich die Adresse. Sie stimmte tatsächlich. Ich zog an der Klingel, die einen angenehmen Ton von sich gab. Eine Frau öffnete mir. Sie musterte mich wohlwollend. Ich sprach schüchtern meinen Decknamen aus: »Ich bin Alma.«

»Kommen Sie herein, kommen Sie herein! Es ist so kalt draußen!« Sie ließ mich eintreten, umarmte mich warmherzig. Ich wusste nicht, wie mir geschah.

»Ich bin Regina, Wladeks Mutter. Fühlen Sie sich wie zu Hause. Bitte, legen Sie doch ab, kommen Sie und wärmen Sie sich auf …«
Ehe ich Zeit hatte zu antworten, führte sie mich in eine saubere und helle Küche, schenkte mir eine Tasse heißen Tee ein und schob einen Teller mit Keksen vor mich hin. Ich glaubte zu träumen.
»Mein Sohn hat oft von Ihnen erzählt. Von Ihnen und Ihrer Familie. Ich habe Sie schon erwartet.«
Ich hätte antworten sollen, etwas sagen, für die Kekse danken, nach Wladek fragen sollen, aber ich war viel zu sehr mit den Keksen beschäftigt. Sie schaute mich lächelnd an, während sie sich weiter mit mir unterhielt.
»Wladek machte sich seit dem Sommer solche Sorgen! Wir hatten keinerlei Nachricht. Ich habe hier einen Kleinen aus dem Ghetto, der morgen fortgeht. Wenn alles nach Plan läuft, wird er in wenigen Tagen in der Schweiz sein …«
Ich nickte heftig und murmelte mit vollem Mund. Es war wunderbar. Wladeks Mutter war nicht nur eine freundliche und liebenswerte Frau, sondern sie war außerdem die richtige Adresse für unsere Gruppe. Eine tatkräftige Frau, die Drehscheibe, die wir suchten. Sie schob einen weiteren Teller mit Cremeschnitten vor mich hin, die ich gierig verschlang. Und plötzlich sagte sie:
»Meine kleine Alma, ich nehme an, dass Sie wegen Ihrer Brüder kommen …«
Ich fühlte mich so wohl, war so voller Vertrauen, dass mich diese unerwartete Erinnerung an meine Brüder, auf die ich nicht im Geringsten vorbereitet war, mitten ins Herz traf. Ich brach in Tränen aus. Sie zog mich an sich, und ihre Arme waren warm wie die einer Mutter. Ich weinte lange, den Kopf an ihre Schulter gelehnt.
»Verzeihung, meine Kleine, Verzeihung. Ich hätte es ahnen sollen … Ich hätte die Dinge anders sagen sollen. Mein Gott! Mein Gott!«, murmelte sie und streichelte mir dabei die Haare.

Und ich schluchzte wie ein ganz kleines Mädchen, so wie ich es seit dem Tod meiner Mutter nicht mehr getan hatte.

Regina regelte alles. Sie behandelte meine linke Hand, die immer noch schmerzte und geschwollen war. Die Wunde meiner Hand hat sich einige Tage später geschlossen. Bis heute liegt für mich in dieser Heilung eine starke Symbolkraft.

Der erste Schnee war gefallen. Ich hatte meine erste wichtige Mission in der ZOB erfüllt. Würde ich aus heutiger Sicht sagen, dass damals ein neues Leben für mich begann? Ja, ich glaube schon. Ich hatte jedenfalls eine weitere Etappe abgeschlossen, von jetzt an war für mich »Hoffnung« gleichbedeutend mit »sich durchkämpfen«.

Genau in diesem Moment hörte meine Wunde auf zu schmerzen. Sie verwandelte sich in eine dicke Narbe, die noch heute fast rechtwinklig meine Herzlinie kreuzt.

Reginas Mann war gleich zu Kriegsbeginn im Herbst 1939 getötet worden, und ihr zweiter Sohn, Jurek, der sechzehn Jahre alt war, engagierte sich ebenfalls im Widerstand. Die gute Frau verging fast vor Angst um ihre zwei Söhne, sie schwebte ständig in Todesängsten, doch hinderte sie das nie daran, nach ihrem Gewissen zu handeln. Sie gehörte zu den aufgeklärten, patriotischen und humanistischen Polen, die sich immer gegen den Antisemitismus aufgelehnt und alles getan hatten, um die Leiden der Warschauer Juden zu mildern, insbesondere die der Kinder. In den Wochen vor unserer Begegnung hatte sie vier Kinder, drei Jungen und ein Mädchen, gerettet. Das kleine Mädchen Synka war in ein Nonnenkloster gebracht worden, ordnungsgemäß ausgestattet mit einer Taufbescheinigung und dem christlichen Vornamen Susana. Es war ihr gelungen, die drei Jungen über die Gruppe, die sie mit einigen Freunden ab 1941 auf die Beine gestellt hatte, zu Bekannten in die Schweiz zu schicken.

Am selben Abend kam Wladek zum Abendessen. Wir umarmten uns wie zwei alte Freunde. Ich fühlte mich außerordentlich wohl in dieser Familie.

Neftalis »Ausreise« wurde auf den übernächsten Tag festgelegt.

Es war Nacht. Alles war bereit. Der Schnee glitzerte im Mondlicht, als Yankel und ich unser Versteck verließen, ich hielt Neftali wie eine Puppe eingewickelt im Arm. Wir hatten unsere Gesichter mit einem in die Kerzenflamme gehaltenen Korken geschwärzt und unsere Schuhe in dicken Leinenstoff eingepackt, um auf dem gefrorenen Schnee keinen Lärm zu machen. Wir gingen an der Mauer entlang, bis wir zu der vorgesehenen Stelle kamen. Ich zitterte bei dem Gedanken, dass Neftali trotz unserer Ermahnungen zu sprechen oder zu weinen anfangen würde. Aber er war ein echtes Ghettokind und blieb still.

Plötzlich blieben wir stehen. Einige rasche Blicke, kein Mensch war zu sehen. Yankel holte aus einem Kellerloch eine lange Leiter hervor und lehnte sie gegen die Mauer.

»Los!«

Ich kletterte flink hinauf, indem ich mit einer Hand die Sprossen festhielt und den Kleinen unter den anderen Arm klemmte. Als ich oben angelangt war, warf ich mein gut verschnürtes Paket über den Stacheldraht der Mauer. Ich hörte ein dumpfes Geräusch, Neftalis Weinen, dann Wladeks Ruf:

»Alles in Ordnung!«

Daraufhin vernahm ich das Geräusch rennender Füße, das sich entfernte, und das Weinen verstummte. Schnell stieg ich wieder hinunter, die Treppe wurde ins Kellerloch zurückgeschoben. Die Operation war gelungen.

Neftali wurde die ganze Zeit über bis zum Kriegsende in einer Abstellkammer unter der Bedienstetentreppe der Wohnung in der Bielanska-Straße versteckt gehalten. Er ist das Einzige der ungefähr zehn Kinder, die von Regina gerettet worden sind, das bei ihr geblieben ist.

Einige Zeit später verkündete uns Hillel, dass er uns in fünf Gruppen aufteilen und Gruppenleiter benennen würde. Er brauchte fünf junge, mutige, waghalsige, intelligente Leute mit verlässlichem Gesicht. Er erhob sich und sagte ernst:
»Ich wähle Lula, Stefan, Yankel, Schloime, Ilex aus.«
Ich errötete bis zu den Ohren. Das hatte ich nicht erwartet. Ich war die Jüngste von allen. Alle Leute klatschten und schauten zu mir herüber. Dann fügte Hillel hinzu:
»Ich werde euch der Reihe nach in mein Büro rufen. Danach werden wir uns alle sechs versammeln. Gruppe für Gruppe. Lula!«
Als ich den Raum verließ, spürte ich wieder den hasserfüllten Blick Taras. Sie verabscheute mich aus tiefster Seele. Wahrscheinlich, weil Hillel mir gegenüber zu viel Fürsorge demonstrierte. Befangen begegnete ich ihr mit einem schwachen Lächeln, wie um mich zu entschuldigen. In diesem Augenblick schoss mir der Gedanke durch den Kopf: Diesen Moment wird sie mir früher oder später heimzahlen.
Wie lässt sich heute schildern, dass wir in diesen schrecklichen Momenten auch Freude erlebten? Wer, wenn nicht ich, soll in Worte fassen, was so schwer vorstellbar ist? Im Rückblick auf diese Tage meiner Jugend im Warschauer Ghetto habe ich das Bedürfnis, auszusprechen, dass alles, was ich gesehen, erfahren, erlebt habe, nie den pulsierenden Strom des Lebens zu beeinträchtigen vermochte, selbst nicht angesichts der ständigen Gegenwart des Todes. Das ist mit Sicherheit der Grund dafür, dass ich noch da bin, dass wir noch da sind. Das, was ich erzählen will, ist nicht so sehr ein Kapitel der Shoah, sondern es zeigt, dass wir auch eine Gesamtheit individueller Schicksale von Männern, Frauen und

Kindern waren, die weiterleben wollten. Und dass wir *trotz allem* lebten. Trotz der Verzweiflung und mit ihr.

Ich glaube, dass das von Grund auf fröhliche Wesen meines Vaters, mein eigenes Naturell, das Singen, mein – wie soll ich es ausdrücken – starkes Gefühl des Menschseins, das trotz des nationalsozialistischen Versuchs der Entmenschlichung unantastbar blieb, dass all das zusammen mir ermöglicht hat, diese Zeit zu überleben, ja, überhaupt zu leben.

Das alltägliche Grauen war uns zur Lebensroutine geworden, wie man von links nach rechts schreibt, wie ein verwelktes Blatt, eine Blume, eine Zeitung, ein Tier. Man verhüllte beim Anblick eines Leichnams nicht sein Antlitz. Man nahm ihn als etwas unendlich Nahes, Brüderliches wahr, und die erste Reaktion des Abscheus wurde durch eine andere kompensiert: die des Mitleids für den, der einen Augenblick zuvor noch gelebt hatte. Es war manchmal gerade diese Nähe des Todes, die uns, wenn die Angst ihren lähmenden Griff etwas lockerte, die Dringlichkeit der Freude spüren ließ.

Bei vielen von uns hatte das Gefühl der Auflehnung von einem bestimmten Moment an die Oberhand über das Diktat des Schreckens gewonnen. Und wo die Auflehnung entspringt, ist das Leben. Einige hatten im Ghetto jenseits der Hoffnungslosigkeit die Kraft gefunden, sich dies zur Maxime zu machen und unbequeme Wahrheiten auszusprechen oder unsinnige Aktionen zu beginnen. Die allgemeine Vernichtung, die uns vorbestimmt war, war alles andere als eine Lappalie, und wir, die Kämpfer der ZOB, wussten das.

Es gab viele Liebesgeschichten. Es gab sogar Geburten. Zu dieser Zeit erwarteten wir nicht ohne eine gewisse Sorge die Ankunft von Rosas und Yankels Kind. In dieser aufgeheizten Periode hatte ich eines Abends eine entscheidende Unterhaltung.

Wir saßen mit ein paar Leuten in einem kleinen Raum, der uns als Versammlungsort diente. Mordechaj hatte Zigaretten mitgebracht, und wir rauchten. Ich glaube wohl, dass es meine erste Zigarette war, denn ich hustete wie verrückt und löste dadurch allgemeine Heiterkeit aus. Seit Kurzem hatten sich mehrere Paare gebildet, und es wurde hemmungslos geflirtet. Jeder erzählte ohne falsche Scham von seinen Liebschaften, seinen Hoffnungen. Mordechaj war in Sarah verliebt, er erklärte ihr seine Liebe einfach vor unserer Runde, als wir ausnahmsweise ohne genaue Tagesordnung um einen unerwarteten Liter Wodka versammelt waren.

»Ich liebe dich, Sarah, ich möchte gern dein Freund sein. Aber ich habe keine Chance«, fügte er fröhlich an uns alle gewandt hinzu. »Sarah ist schon von Janusz auserwählt.«

»Da irrst du dich aber«, entgegnete sie. »Nicht von Janusz.«

Sie hielt inne. Alle lachten.

»Wer denn?«, fragte Mordechaj leicht enttäuscht.

»Von dir, du Dummkopf!«

Nun ging Mordechaj feierlich auf Sarah zu und küsste ihr die Hand. Sie brachen in Gelächter aus und umarmten sich zärtlich vor unseren Augen. Jeder wusste, dass Tara in Hillel verliebt war, der ihre Gefühle nicht erwiderte, dass Judith und Alex sich liebten, seitdem sie sich eine Woche lang in einem Kellerraum zusammen versteckt gehalten hatten, und das Janusz in Sarah verliebt gewesen war, aber gern eine Affäre mit Margalit hätte. Yankel und Rosa, obwohl letztere hochschwanger, waren wie zwei Turteltauben, die sich gerade erst begegnet waren.

Da sprach mich Alex an:

»Und du, Lula? Hast du nicht eine kleine Liebelei, etwas, das du uns erzählen kannst?«

Ich zuckte mit den Schultern. Er insistierte:

»Los, du kannst es uns erzählen, du bist hier in der Familie! Du bist die einzige von uns allen, die nicht verliebt ist!«

Jemand rief aus:

148

»Was weißt denn du, ob sie nicht verliebt ist?«

»Also, dann soll sie es uns sagen! Lula, du spielst nicht mit. Jeder hier hat sich offenbart. Du wärst wirklich die einzige unter uns, die etwas verbirgt. Das ist nicht nett deinen Kameraden gegenüber!«

Ich weiß nicht, was damals in mich fuhr. Ich war irgendwie vollkommen vertrauensvoll. Ich fühlte mich gezwungen, etwas zu sagen. Um ihrer Freundschaft wert zu sein. Vielleicht auch nur, um mich interessant zu machen. Jedenfalls sagte ich leicht dahin:

»Es kann schon sein, dass ich auch mein kleines Geheimnis habe.«

»Nun, dann sag's uns!«

»Es ist ein Soldat ... ein Offizier. Er hat mich gerettet. Er ist nicht wie die anderen.«

»Du willst doch nicht sagen ...«

Ich antwortete nicht und hoffte auf einmal, dass sie nicht weiter in mich dringen würden. Plötzlich hatte ich das Gefühl, dass ich im Begriff war, eine Dummheit zu begehen. Ich würde irgendetwas sagen, ich spürte, dass ich einen nicht wieder gutzumachenden Fehler begehen würde, es war vollkommen unüberlegt. All das lief sehr schnell in meinem Kopf ab, als jemand fragte:

»Ein Pole?«

Ich zögerte einen Augenblick lang, dann murmelte ich sehr schnell, wie beiläufig:

»Ein Deutscher.«

Danach war es zu spät. Ich hatte es ausgesprochen.

Tiefe Stille trat ein.

DER KAMPF RÜCKT NÄHER

Am 1. Januar 1943 musste ich Hillel mitteilen, dass ich alle meine Funktionen bei der Gruppe aufgab, da ich des Verrats verdächtigt wurde. Ich hatte gehofft, er würde mich in Schutz nehmen und sagen: »Aber nein, Lula, das spielt alles keine Rolle ...« Doch er sagte es nicht.

Es ging alles sehr schnell. Sobald ich wusste, dass einige über mich wegen dieses Deutschen tuschelten, hatte ich um ein Gespräch mit Hillel gebeten. Es war absurd. Man hatte mich, die Jüngste, die am unsichersten war, aufgefordert, mich auszusprechen. Und ich hatte es getan, ihnen zuliebe, die alle älter waren als ich, um mir ihr Vertrauen zu verdienen. Auch ein wenig großspurig, leicht provozierend, obwohl ich mir dessen in jenem Moment nicht bewusst gewesen war. Vielleicht auch, um auf mich aufmerksam zu machen. Diese beiden Worte »ein Deutscher«, die mir entfahren waren, sie konnten doch keinen Verdacht begründen, das war doch absurd. Ich hatte sie fast gegen meinen Willen gesagt, und sie schockierten mich; mir war, als sei nicht ich es gewesen, die sie ausgesprochen hatte. Plötzlich fühlte ich den Drang, das Rad der Zeit rasend schnell zurückzudrehen.

Ich versuchte, vernünftig nachzudenken und zu verstehen, was mir geschah. Bisher war der Deutsche nur ein geheimes Spiel gewesen, das ich mit mir selbst spielte. Die anderen hatten ihm Bedeutung verliehen. Alles geriet durcheinander. Ich erinnerte mich, was ich als kleines Mädchen gedacht hatte: Warum konnten wir als unterschiedliche Menschen einander nicht lieben? Inwiefern genügte es, deutsch oder polnisch zu sein, um »böse« zu sein, oder jüdisch, um »gut« zu sein? Das Ghetto hatte diesen Kinderspielen eine dramatische Realität verliehen, aber keine Antwort geliefert. Und ich hätte tausendmal besser daran getan, zu schweigen.

Hillel saß in demselben Sessel wie bei der ersten Versammlung. Er sah mich eintreten, sein Blick war hart und durchbohrend. Yankel und Stefan saßen hinter ihm auf einer Tischkante. Stefan betrachtete mich mit derselben Härte. Yankel hatte die Arme verschränkt und den Kopf gesenkt, in einer Haltung, die ausdrückte: »Ich sitze hier, ich kann nicht anders, aber ich stehe zu dir.« Auch Tara war da, sie stand in einer Ecke und wich mir mit ihrem Blick aus. Hillel verlor keine Zeit mit langen Vorreden:

»Lula, du bist drauf und dran einen nicht wieder gutzumachenden Fehler zu begehen. Für mich hast du ihn schon begangen. Andere in der Gruppe gestehen dir noch mildernde Umstände zu ...«

Sein Ton blieb beherrscht, was mich beruhigte:

»Hillel, ich kann verstehen, was ihr empfindet, aber ihr wisst rein gar nichts über mich, ihr konstruiert aus einem einzigen Wort, das ihr mir entlockt habt, eine ganze Geschichte. Das Einzige, was hier zählt, ist: »Vertraut ihr mir? Ja oder nein?«

Hillel, plötzlich sehr blass, erhob sich unvermittelt. Er ballte seine Fäuste und ließ seine Fingergelenke der Reihe nach knacken, dann stieß er mit erregter Stimme hervor:

»Nun, wenn du es wirklich wissen willst: Nein, ich vertraue dir nicht mehr! Von nun an wirst du in dieser Wohnung bleiben und unter meiner Aufsicht administrative Arbeiten erledigen. Schluss mit den Außeneinsätzen!«

»Hillel, erlaube mir, das Ganze näher zu erklären ...«

Ich verlor die Fassung, die Erregung überwältigte mich. Hillel explodierte:

151

»Nein! Wir können keinem Agenten trauen, der sich in den Feind verliebt! Das ist alles!«

Er spuckte auf den Boden, drehte sich um und ging zur Tür, wobei er den anderen ein Zeichen machte, ihm zu folgen. Tara ging mit erhobenem Kopf hinaus, nicht ohne mir zuvor noch einen triumphierenden Blick zuzuwerfen, Stefan hatte nicht die geringste Geste für mich übrig, Yankel ging als Letzter und flüsterte mir dabei zu:

»Mach dir nichts draus ...«

Als die Tür zu war, brach ich in Tränen aus. Dieser Deutsche, natürlich war da nichts. Er war ein Mann, der mich eines Abends im *Britannia* gehört hatte, der mich später rettete und an den ich immer wieder denken musste. Aber ich hatte nichts getan, nichts gesagt. Nur einfach gedacht. Was hatte ich eigentlich gedacht? In meinem Kopf vermischte sich alles ... Und schon war es passiert. Ich war vollkommen verloren. Ich musste die Gruppe verlassen, meinen Freundeskreis, der wie eine Familie für mich gewesen war, meine Kameraden. Mir schnürte sich die Brust zusammen. Ich stützte mich auf die zerbrechliche Hoffnung, die Yankel beim Weggehen entfacht hatte: »Das wird schon wieder ...«

Aber was wusste Hillel sonst noch, außer diesen armseligen zwei Wörtern, die ich gegen meinen Willen ausgesprochen hatte? »Ein Deutscher«. Ich hatte nur diese drei Silben gesagt. Was sonst hatte er herausgehört? Ich dachte einen Augenblick lang an das Tagebuch, dass ich manchmal führte. Ich erinnerte mich nicht genau daran, was ich da geschrieben hatte, vielleicht standen darin Dinge, die mich belasteten? Ich wusste es nicht mehr. Plötzlich kam mir ein Gedanke: Tara hatte mein Tagebuch gefunden, sie hatte Hillel von gewissen Äußerungen berichtet. Tara, die ich schon lange im Verdacht hatte, dass sie eifersüchtig auf Hillels Sympathie für mich war. Es war möglich, aber ich würde niemals dahinterkommen. Das Ganze war absurd, dennoch überwältigte mich eine vage Furcht bei dem Gedanken, dass Hillel diese Notizen hatte lesen können.

Traurig kehrte ich in den leeren und eiskalten Wohnraum zurück. Ich fühlte mich beschmutzt, gedemütigt, abgeurteilt. Man versagte mir das Recht zu kämpfen, man verletzte den heiligen Bezirk meiner Träume. Ich war völlig niedergeschmettert. Da klopfte jemand leise an die Tür. Es war Yankel. Er umarmte mich wie ein großer Bruder.

»Du hättest dich nicht für dieses Spielchen hergeben sollen. Du hättest einfach nichts sagen dürfen … oder jedenfalls nicht das, was du gesagt hast. Niemand hat es natürlich geglaubt. Jedenfalls wir nicht, deine Freunde. Doch du verstehst wohl, dass Hillel …«

Ich murmelte mit brüchiger Stimme:

»Er wird seine Entscheidung nicht zurücknehmen … wird er mich wirklich hinauswerfen?«

»Ich kenne ihn gut, er wird keinen Rückzieher machen.«

Er saß mir gegenüber, ergriff meine Hand und umschloss sie mit seiner Hand. Seine Wärme tat mir wohl.

»Mach dir keine Sorgen, kleine Luna. Diese Geschichte wird für das, was wir gemeinsam tun sollen, keine Folgen haben. Wir brauchen dich alle«, sprach er weiter und hob dabei das Wort *alle* hervor. »Jedenfalls, fast alle …« Er lächelte leicht. »Die Einzige, die froh sein wird, wenn du gehst, ist zweifellos Tara. Im Übrigen würde es mich nicht wundern, wenn sie es war, die das Rad ins Rollen gebracht hat. Nun, das spielt jetzt keine Rolle … Wie auch immer, du kannst gewiss nützlichere Dinge tun, als im Papierkram zu hocken. Hillel weiß das genauso gut, aber er wird seine Meinung nicht ändern. Und du musst ihn verstehen: In seiner Position darf er einfach nicht durchgehen lassen, was du gesagt hast …«

Er schaute mir in die Augen. »Luna, diese Worte, die du da gesagt hast, sie waren einfach nicht hinnehmbar. Im Übrigen weißt du das selber... Also gut. Ich werde dir helfen, zu einer anderen Gruppe zu wechseln, und Hillel wird beide Augen zudrücken, solange alles diskret über die Bühne geht. Antek ist ein Freund.«

Yankel führte mich am nächsten Tag zu dem geheimen Treffpunkt einer anderen Gruppe der Haschomer in der Nalewski-Straße und stellte mich Antek, dem Anführer der Gruppe, vor.
»Das ist Luna. Ich habe dir von ihr erzählt ... Luna, die singt.«
Bevor ich antworten konnte, öffnete sich die Tür mit Schwung, und ich erkannte zu meiner Überraschung Jerzy, der außer Atem eintrat.
»Antek, ich ...«
Er hielt verdutzt inne, als er mich erblickte, dann stürzte er mit einem breiten Lächeln auf mich zu.
»Luna! Du bist also zu uns gekommen.«
Er wandte sich zu Antek und rief aus:
»Das ist meine Cousine!«
Antek lächelte ebenfalls.
»Guten Tag Luna. Und willkommen! Ich bin glücklich, eine Sängerin empfangen zu dürfen. In diesen Zeiten können wir Musik gebrauchen! Jerzy, sei so nett, ich muss mal allein mit deiner Cousine reden ... Danke.«
Jerzy machte mir beim Hinausgehen ein kleines Zeichen. Antek wandte sich mir zu.
»Du warst bei Hillel. Du kommst zu uns. Kannst du mir sagen, warum?«
»Warum?« Ich zuckte mit den Schultern. »Hat Yankel euch denn nichts gesagt?«
»Doch, aber ich möchte lieber, dass du es mir selber erzählst.«
»Was soll ich dir sagen? Er hat von einer Liebschaft Wind bekom-

154

men, die keine war, er hat mich weggeschickt, das ist alles. Ich schwöre dir, dass da nichts ist, nichts, nicht das Geringste ...«
Die Tränen überwältigten mich.
»Ich weiß ... Aber du siehst hoffentlich ein, dass du deine Zunge hättest zügeln sollen!«
Jetzt brach ich in Schluchzen aus.
»Antek, ich habe nichts getan!«
»Ich weiß, Luna, wenn ich es nicht wüsste, wärst du nicht hier ... Und du kannst bei uns bleiben«, fügte er hinzu.
Antek war das genaue Gegenteil von Hillel, wenn man das so sagen kann. Er konnte genauso energisch sein, aber er hatte eine eher sanftmütige Art, Hillel dagegen hatte ein heftiges Naturell. Ich fühlte mich sofort wohl bei ihm und den anderen drei Mitgliedern unserer Fünfergruppe. Zu ihr gehörten noch Frumka, Jurek, Jerzy und Yitzok. Ich hatte die Gruppe gewechselt, aber wir arbeiten selbstverständlich weiter alle zusammen, da die Operationen an den Spitzen von den Leitern koordiniert wurden, Hillel, Antek und den anderen. Auch wenn die Versammlungen in einem anderen Raum stattfanden, arbeiteten wir an gemeinsamen Operationen und in gemeinsamen Netzwerken. Alles in allem hatte ich bei dem Wechsel nur gewonnen: Ich hatte meinen Cousin Jerzy wiedergefunden, Antek war ein Mann von außergewöhnlicher Menschlichkeit und Freundlichkeit. Vor allem hatte ich meine liebsten Freunde behalten, Rosa, Yankel und Mordechaj.
Yankel war der Vertreter der ZOB auf der arischen Seite, zunächst wegen seiner arischen Physiognomie, aber auch wegen seiner Ruhe und Gelassenheit. Er nahm mich häufig aus denselben Gründen – mein polnisches Aussehen, meine blonden Haare – mit. Und außerdem verstanden wir uns gut. Er war ein ausgezeichneter Geiger, und die Musik schuf eine Verbundenheit zwischen uns, um die uns sogar Rosa ein wenig beneidete. Yankel war ständig

in Kontakt mit Wladek und einigen Gruppen des polnischen Widerstands. Wenn er nicht alle Pakete mitnehmen konnte, die für das Ghetto bestimmt waren, hinterließ er sie bei den Karmeliterinnen in der Sewerynow-Straße Nr. 6, wo auch mehrere jüdische Kinder versteckt waren. Wenn man auf der arischen Seite arbeitete, bestand die Schwierigkeit darin, dass man allem und allen misstrauen musste. Bei den Nonnen konnten wir uns ausruhen, wenn wir erschöpft waren. Wie viele Male bin ich auf einem Feldbett zusammengesunken, das in dem Besuchszimmer hinter einem Wandschirm stand.

Wir transportierten Waffen, manchmal schwere Pakete, ganze Koffer, die wir so lange im Kloster deponierten, bis wir ein Mittel gefunden hatten, sie in das Ghetto zu bringen. Die Oberin war vollkommen auf dem Laufenden, drückte aber die Augen zu. Nur manchmal tat sie verärgert und sagte zu uns:

»Trotzdem, ich möchte das Zeug lieber nicht zu lange hierbehalten.«

Sie sprach nie das Wort »Waffen« aus. Das hat sie nicht daran gehindert, eine Woche lang unter ihrer eigenen Matratze ein Maschinengewehr sowie mehrere Dutzend Pistolen in einer Kiste, die im Beichtstuhl in der Kapelle als Sitz diente, zu verstecken.

Yankel beeindruckte sie. Da er eher schweigsam war und sie sehr redselig, ließ sie sich bei mir aus:

»Lula, du solltest deinem Freund sagen, dass ich als Lohn für meine Dienste nichts weiter erbitte als ein kleines Versprechen: Dass er sich, wenn es so weit ist, mit dem Herrn versöhnt und Reue zeigt, falls er sich irgendwann einmal dieser Sachen … dieser Sachen da bedienen muss.«

Ich lachte. Sie auch. Sie zwickte mich in die Wange und sagte mir denselben Satz wie einige Monate zuvor mein Vater:

»Mmmh … Du bist nicht gerade dick!«

Und bevor ich mit Yankel wieder wegging, steckte sie mir einige Blätterteigkuchen in die Tasche, die die Nonnen mit Mehl und Wasser selber herstellten. Es war nicht ein Gramm Butter darin enthalten, und ich lief keine Gefahr, durch das Essen dieser Kuchen dicker zu werden. Doch sie schmeckten nach Zärtlichkeit, und das war ein wunderbarer Geschmack.

Mitte Januar wurden Jerzy, mein Vater und ich beauftragt, durch die Kanalisation eine Ladung Waffen ins Ghetto zu befördern und über denselben Weg zwei Frauen mit ihren fünf Kindern hinauszubringen. Als ich im Kloster ankam, führte mich die Oberin geradewegs in ihr Zimmer.

Dort zog sie wortlos ihr Bett ab und wies auf eine Holzkiste: »Ich habe es den anderen schon gesagt: vierundzwanzig Stunden, nicht länger!«

Ich verbiss mir das Lachen. Es war so verrückt, diese gutmütige Ordensschwester, so rund wie ein Knallbonbon, vor dieser Kiste mit Granaten und einer anderen mit Molotowcocktails, die Yankel hergestellt hatte, einem Maschinengewehr und ungefähr zehn Pistolen stehen zu sehen! Marek, der die Kanalisation wie seine Westentasche kannte, sollte unser Führer sein.

»Machen Sie sich keine Sorgen, Schwester Oberin. Morgen ist alles verschwunden ...«

Am nächsten Morgen um sieben finden wir uns in einem Hof des Wohnblocks in der Zlota-Straße ein, zwei Schritte von der Mauer entfernt.

Ein Karren ist dort stationiert, auf den in der letzten Nacht die zu transportierenden Waffen verladen worden sind. Meine Mission besteht hauptsächlich darin, den Hausmeister abzulenken und dabei die Straße im Auge zu behalten. Eine halbe Stunde später klopfe ich an die Tür der Loge.

»Guten Tag, ich komme aus Otwock. Ich bin beauftragt, Frau Wolynska Lebensmittel zu bringen, aber sie ist umgezogen ...«
»Ja, das stimmt. Frau Wolynska hat ihre Wohnung vor zwei Wochen verlassen. Ich weiß nicht, wo sie jetzt wohnt ...«
Das alles ist selbstverständlich geplant. Ich setze eine bedrückte Miene auf:
»Wie ärgerlich! Ich habe das ganze Zeug hier am Hals. Meine Tante ist von der Person bezahlt worden, die Frau Wolynska dieses Paket schickt. Und außerdem muss ich noch andere Sachen in die Stadt bringen!«
Ich zeige auf einen großen Korb, der mit einem Handtuch zugedeckt ist. Es sieht so aus, als ginge der Hausmeister in die Falle. Er verlässt seine Loge und sagt zu mir:
»Wo sind Ihre Sachen?«
»Draußen, aber alles, was sich auf dem Karren befindet, ist reserviert. Nur das Paket hier ist für Frau Wolynska. Wenn sie wirklich nicht mehr da ist ...«
Wir gehen hinaus. Ich stelle mich vor den Karren. Ich zittere wie Espenlaub. Was, wenn ihn der Drang packt, nachzusehen, was die sorgfältig unter der Plane verschnürten Lattenkisten beinhalten?
»Gut, das mit dem Paket sollte sich regeln lassen ... Zehn Zlotys, ist das in Ordnung?«
»Meine Tante ist schon bezahlt worden. Das wäre von meiner Seite aus nicht ehrlich ...«
Ich tue so, als würde ich nachdenken. Er wiederholt:
»Fünfzehn, nicht mehr. Wissen Sie, meine Kleine, in diesen Zeiten lehnt man so etwas nicht ab!«
Ich tue so, als würde ich laut im Kopf rechnen:
»Meine Tante hat dafür fünfundzwanzig erhalten! Sagen wir ... achtzehn!

Er bricht in schallendes Gelächter aus, und ich tue so, als teilte ich seine Fröhlichkeit.

»Na gut, dann eben achtzehn. Du gibst nicht so schnell auf, was! Und wo gehst du jetzt als nächstes hin?«

Nicht weit entfernt sehe ich Papa, der vortäuscht, eine angeregte Unterhaltung mit Alex zu führen. Plötzlich zieht er ein Taschentuch aus seiner Tasche und fährt sich damit über die Stirn. Das ist das Signal. Ich schiebe den Karren an, der in ein Schlagloch rutscht. Das ist geplant. Ich bin hartnäckig, Alex kommt, um mir zu helfen, das ist auch geplant. Was nicht geplant ist, ist der Hausmeister, der zu uns stößt. Macht nichts. Bei unseren Anstrengungen, den Karren aus dem Loch zu ziehen, kippt er uns »unglücklicherweise« über einem Gully um. Während Papa dazukommt, um uns zu helfen, den Karren wieder aufzurichten, ziehe ich den Hausmeister mit in seine Loge, wo sich zum Glück noch meine Pakete und mein Korb befinden. Während ich die Früchte meiner Verhandlungen in klingender Münze ausbezahlt bekomme, entladen drei in der Kanalisation versteckte Männer die Lattenkisten. An Seilen lassen sie sie in die Tiefen des unterirdischen Abwassersystems hinab. Yankel und ich begeben uns zu unseren Kameraden in dem Loch. An der Oberfläche leeren Papa, der Hausmeister und Alex den Karren, der mit Kartoffelsäcken beladen ist, und fluchen auf Polnisch, was das Zeug hält.

In der Kanalisation nimmt jeder sein Paket an sich, und wir folgen Yankel und tasten uns in der Dunkelheit voran. Unter unseren Füßen der stinkende Matsch, die feuchten und rutschigen Wände, die dicken Topfen, die von der Decke sickern und auf unsere Köpfe fallen, erschweren das Vorankommen sehr. Wir haben Mühe, die mit Waffen schwer beladenen und sperrigen Lattenkisten zu tragen. Endlich, das Zeichen! Achtung! Stille! Wir haben das Ziel erreicht: Genau unter dem Raum in der Karmelitzka-Straße. Ein unterirdischer Gang war in den Keller des Wohnblocks gegraben worden.

Nachdem wir die Pakete abgeladen hatten, begeben wir uns in einen anderen Keller. Dort befinden sich einige Menschen. Die Gruppe bereitet sich auf den Weg zurück durch die Kanalisation vor. Man erkennt nur mit Mühe die Silhouetten, so düster ist es. Irgendwo in einer Ecke vernimmt man das Weinen eines Kindes. Eine in Tücher eingehüllte Frau nähert sich mir. Ihr blasses Gesicht und ihre glänzenden Augen haben im Licht der Fackel etwas Erschreckendes.

»Werdet ihr Rochele und mich mitnehmen? Ich flehe euch an! Bringt uns weit weg von dieser Hölle!«

Ich spüre, wie sich meine Kehle zuschnürt. Ich kenne sie, die kleine Rochele. Sie kam im letzten Jahr in meinen Chor. Jetzt sehe ich nur ihre großen schwarzen und verängstigten Augen, die mich intensiv anblicken. Ich flüstere:

»Natürlich nehmen wir euch mit.«

Währenddessen erklärt Yankel leise Ablauf und Reihenfolge beim Einstieg in die Kanalisation. Das leise Weinen einer Frau ist zu hören. Eine Männerstimme versucht sie zu beruhigen:

»Pst! Pst! Ich bin beim nächsten Mal mit dabei, und dann sind wir wieder zusammen. Komm, beruhige dich!«

Ein letzter Abschied. Ein Händedruck, wir kehren in die Kanalisation zurück. Der Hinweg war mühselig gewesen. Doch der Rückweg ist ein Leidensweg. Die Kinder weinen angstvoll, ihre Schreie hallen in den Gängen wider, während wir so unauffällig wie möglich vorgehen müssen. Wir halten alle Augenblicke an, um die Ordnung wieder herzustellen und die Kleinen zu tragen. Wir müssen gebückt gehen, damit unsere Köpfe nicht an die Decke stoßen, dadurch ist das Vorwärtskommen sehr beschwerlich. Manchmal reicht uns das Wasser bis zu den Schultern. Schließlich kommen wir am nächsten Tag noch vor Tagesanbruch aus dem Gully in der Zlota-Straße ans Tageslicht. Wenige Sekunden später finden wir uns alle heil und gesund im Kloster von Schwester Alina ein. Auftrag erfüllt.

Ende Januar 1943 war das Ghetto abgeriegelt worden und eine neue Aktion begann. Doch zum ersten Mal leistete das Ghetto Widerstand. Niemand begab sich auf den Ruf der Deutschen und der jüdischen Polizei hin auf die Straße hinaus. Zum ersten Mal leisteten die Untergruppen unserer Organisation systematisch mit der Waffe in der Hand Widerstand, es gab Straßenkämpfe, Tote durch Kampfhandlungen. Vor allem aber: Zum ersten Mal zogen sich die Deutschen zurück. Und wir hatten die berauschende Empfindung, dass ein Sieg möglich war.

Am 21. Januar wurde ich wie zusammen mit ein paar anderen Leuten aus unserer Gruppe auf der Straße gefangengenommen. Mordechaj und einigen anderen war es gelungen zu entkommen, nachdem sie zwei Deutsche erschlagen hatten. Mit Antek, Jerzy und fünf anderen Kameraden wurde ich zum Umschlagplatz geführt. Während wir von den Deutschen in die Waggons gestoßen wurden, fing Antek plötzlich an zu brüllen:
»Steigt nicht ein! Weigert euch! Sagt nein! Nein! Nein!«
Es gab ein Durcheinander, Schreie ertönten, eine Maschinengewehrsalve fuhr in die Menge. Leute fielen zu Boden. Antek rief weiter:
»Wehrt euch! Lasst euch nichts befehlen!«
Wir waren eine größere Gruppe, vor mir drehten sich andere um. Ich hörte, wie gerufen wurde:
»Er hat Recht! Steigt nicht ein! Steigt nicht ein!«
Die Gruppe begann wie eine Welle zurückzuweichen. Dann fiel ein Schuss ganz in unserer Nähe. Ich sah, wie sich Antek blutüber-

strömt an der Waggontür festklammerte und weiterschrie, bis ihn seine Kräfte verließen.

»Geht nicht dorthin! Nein! Nein!«

Als er vor unsere Füße fiel, hatte sich dieses Nein! in alle Köpfe eingeprägt. Jerzy und die anderen wollten aus dem Waggon klettern, in den sie gerade hineingestoßen worden waren. Sie wurden sogleich niedergeschlagen. Ich schrie noch »Jerzy!«, dann erhielt ich einen Kolbenhieb auf den Kopf und verlor das Bewusstsein.

Kaum war ich wieder zu mir gekommen, da führten uns deutsche Soldaten zu einer Mauer, sie drehten uns brutal um, mein Kopf stieß gegen den Stein. Ich wusste, dass dies das Ende war, doch geschah alles sehr schnell. Ich begriff, dass wir erschossen werden sollten. Ich hatte keine Angst. Man hatte meine Arme hochgezogen und gegen die Wand gelegt, Anteks Nein! tönte noch in meinen Ohren. Ich war wie in einem Nebel, und dennoch fühlte ich mich stark. Da vernahm ich eine Stimme, ganz nah. Sie sprach polnisch, mit leicht deutschem Akzent, und sie flüsterte:

»Lass dich kurz vor dem ersten Schuss hinfallen, hörst du? Vor dem ersten Schuss!«

Ich kannte diese Stimme.

Einige Augenblicke später, als ich zwischen den leblosen Körpern meiner Kameraden lag, hörte ich wieder dieselbe Stimme unter den Soldaten, die gekommen waren, um zu kontrollieren, ob wir auch wirklich tot waren.

»Rühr dich nicht!«

Dann gingen die Soldaten weg. Als ich das schwarze Auto der Sanitätsbehörde der Wehrmacht um die Straßenecke fahren sah, begriff ich alles. Von da an habe ich nicht mehr aufgehört, an den Deutschen mit der schwarzen Feldmütze zu denken.

Die Massendeportationen wurden wieder aufgenommen. Mein Vater und ich verließen endgültig unsere Wohnung, um unser Versteck in der Karmelitzka-Straße gemeinsam mit vier anderen Familien zu beziehen. Der Ort war noch perfekter und größer geworden. Er bestand nun aus drei Kellerräumen, die miteinander verbunden waren.

Es gab zwei Eingänge, den ursprünglichen unter dem Kamin der Schreinerei und einen anderen, der in der Zwischenzeit eingerichtet worden war und zu einem Gully führte. Es gab sogar Toiletten und eine Wasserstelle. Echter Luxus. Die Feuerstelle des Schreiners war sehr häufig in Betrieb, und niemandem wäre es eingefallen, sich dorthin zu wagen. Doch wenn man einmal am unmittelbaren Feuerbereich vorbei war, einer duchaus erträglichen Wärmezone jenseits der eisernen Falltür, befand man sich im Kühlen und in der Sicherheit unseres Schlupfwinkels. Dieses Versteck schien uns ideal und vollkommen uneinnehmbar. In jenem Februar lebten wir dort mit mehr als fünfzehn Menschen und hielten in dem dritten Keller unsere Treffen der Kampfgruppen ab. Oft bat man mich am Ende der Versammlungen:

»Magst du etwas singen, Luna?«

Und ich sang für meine Kameraden.

Das, was sich bei jedem von uns in diesen Momenten vollzog, war etwas Einzigartiges und Gewaltiges. Alles, was in der kurzen Zeit, die unserem Aufstand voranging, durchlebt worden war, hatte sich wie in einer Art von Bewusstseinstrübung abgespielt. Wie die Ruhe, die dem Sturm vorangeht, wie die Stille, die der Musik vorangeht – es waren Momente von einer besonderen Qualität und Intensität.

Manchmal sang ich Melodien, die alle kannten und im Chor mitsangen. Manchmal waren es melancholische Lieder, die die Tränen zum Fließen brachten. Doch immer war da diese großartige Gemeinschaft, dieses reine Glück, zusammen am Leben zu sein, in das uns die Musik entführte.

Wie ist es möglich, dass mitten im Elend die Freude doch manchmal so siegreich sein kann? Es ist eine Frage, die ich mir heute stelle, damals hat sich das offenbar niemand gefragt. Wie konnte man noch solche Gefühle empfinden wie Liebe, wie Freude, die man miteinander teilt? Und dennoch, es handelte sich wirklich um Glück, wenn ich sang, um jenes Erschauern des innersten Wesens, das uns ergreift und das sich wie eine leuchtende Welle auf die Menschen und Dinge der Umgebung überträgt.

Genau diese Kraft brauchten wir nun. So versagten wir uns auch nicht die winzig kleinen Momente des Vergnügens, wenn sie in Reichweite lagen. Ich habe die Tatsache, im Ghetto singen zu können, immer wie eine zusätzliche Waffe für uns alle empfunden, eine Nahrung, die ich wie durch ein gewaltsames Eindringen in diese Welt hineintrug, die der Musik und der Natur, kurz, allem, was die Lust am Leben aufrecht erhält, beraubt war.

Im Februar ordneten die Deutschen die Deportation der Arbeiter an, die in den Werkstätten der Schreinerei Hallmann tätig waren. Diesmal meldete sich niemand für die Umsiedlung. Im Ghetto wusste inzwischen jeder, dass die Deutschen gerade herbe Niederlagen an der russischen Front erlitten hatten, und die Bevölkerung wieder Hoffnung schöpfte. Die Menschen hatten aufgehört, den Aufforderungen zur Umsiedlung Folge zu leisten. Unsere Organisation erhielt einen Zustrom von Freiwilligen. Zum ersten Mal fühlten wir uns stark. Die Deutschen ahnten es und begannen in ihrer Wut wieder damit, einfach aufs Geratewohl Razzien durchzuführen.

Eines Nachmittags ging ich mit meinem Vater die Nalewski-Straße entlang. Er hatte gerade die Idee gehabt – mancher mochte sie seltsam finden, doch uns erschien sie völlig normal –, er müsse seine Geige in Sicherheit bringen. Jakobs Geige, unsere alte Geige. Wir machten uns also auf den Weg zu Ysroel, der immer noch seine Unterlagen in einem Hohlraum unter den Pflastersteinen in seinem Hof versteckte. Er hatte meinem Vater selbst vorgeschlagen, seine Geige dort hinzubringen.

Wir hatten die Razzia nicht kommen sehen. Absperrungen der jüdischen Polizei riegelten die gesamte Kreuzung an der Ecke der Gensia-Straße ab, und die Gummiknüppel prasselten auf alle nieder, die zu fliehen versuchten. Mein Vater begann zu fluchen: »Diese Dreckskerle!«

Um uns herum erhob sich Heulen und Klagen. Ich versuchte, ruhig zu bleiben. Es begann Knüppelschläge zu hageln, die Menge drängte sich zusammen, als sei sie ein einziger, geschundener Körper. Uns blieb beinahe die Luft weg. Mein Vater packte mich am Arm, versuchte mich an den Rand zu ziehen, um Atem zu schöpfen oder zu fliehen. Doch plötzlich sah ich ihn mit gesenktem Kopf auf die Absperrung und die Polizisten losstürzen. Der erste Schlag traf seine Schulter. Sein Wutgebrüll war so gewaltig, dass er das allgemeine Wehklagen übertönte:

»Dreckskerle! Verräter!«

Der nächste Schlag traf mit voller Wucht seinen Kopf. Mein Vater sank in sich zusammen, ich brüllte. Man zog uns mit Gewalt zu einem Lastwagen, hievte uns hinauf und stieß uns ins Innere. Mein Vater blieb einige Augenblicke lang halb bewusstlos, die mir wie eine Ewigkeit vorkamen. Ein Rinnsal aus Blut lief ihm über das Gesicht, um seine geschwollene Lippe herum und verlor sich in seinem Bart. Ich umschlang ihn mit meinen Armen.

»Papa, Papa …«

Langsam richtete er sich wieder auf und rieb sich seinen schmerzenden Kopf. Auf seinem Scheitel, dort wo ihn der Schlag getroffen hatte, klaffte eine blutverschmierte Stelle, ein loses Stück Kopfhaut, an dem seine Haare klebten. Er murmelte: »Jüdische Polizisten! Wenn man mir gesagt hätte, dass ich von jüdischen Polizisten verkauft würde …! Juden gegen Juden!« Plötzlich bemerkte ich, dass unser Lastwagen losgefahren war, dass wir in ihm saßen und er uns zum Umschlagplatz brachte. Ich dachte: Dieses Mal wirst du hier nicht herauskommen; aber immerhin war ich mit meinem Vater zusammen. Ich schaute ihn an, er hielt meinem Blick nicht stand. Er zog mich an sich, damit unsere Augen nicht miteinander redeten. Und dann drückte er mich noch stärker an sich, mein Hemd wurde an der linken Schulter von seinem Blut getränkt. Während wir uns so umarmt hielten, spürte ich die Geige zwischen uns, und ich dachte, ich weiß nicht warum: Sie wird uns Glück bringen. Sie hat schon so viel überlebt!

Als wir aus den Lastwagen stiegen, warteten schon mehrere Hunderte von Menschen auf dem Umschlagplatz. Alte schliefen erschöpft auf dem Bürgersteig in der Kälte. Kinder rannten völlig außer sich unter Tränen in dieser grenzenlosen menschlichen Hölle herum, suchten ihre Eltern, die nicht mehr da waren, vielleicht waren sie bereits abtransportiert worden. Mütter versuchten noch, ihre in Lumpen gewickelten Säuglinge in Rucksäcken zu verstecken, damit sie nicht entdeckt wurden. Mit Babys konnte man sein Glück versuchen. Doch mit Kindern, die acht oder zehn Jahre alt waren, war dies unmöglich. Im Übrigen begriffen sie alles. Sie sagten nichts. Sie wussten, dass ihre Anwesenheit die sofortige Verschickung ihrer Eltern in den Tod bedeutete. Also lösten sie sich wortlos von ihnen, vergrößerten den Abstand, verloren sich in der Menge. Einige versuchten ihre Mütter zu überzeugen, ohne sie weiterzugehen, sagten, sie würden sich immer aus der Affäre zu ziehen wissen, und sie träfen sich später wieder – danach. Da war es wieder, dieses Wort, das schon jeglichen Sinn verloren hatte. Danach. Es gab kein Danach, bei dem, was wir hier erlebten, und alle wussten es.

Endlich machte sich die Menge schwerfällig und schweigend auf den Weg. Einige Schluchzer, wer weiß woher, unterbrachen das gleichförmige Gekläff der Soldaten. Unter dem wütenden Bellen der Hunde der SS wurden wir in die bereitstehenden Waggons gestoßen.

Die schwere Schiebetür des Waggons schloss sich mit einem dumpfen Geräusch ganz in meiner Nähe. In die fast vollkommene Finsternis drang nur durch einen schmalen Spalt in den Fugen der Decke und der Wände etwas Licht. Der Geigenkasten drückte in meinen Oberschenkel. Es herrschte schneidende Kälte, und wir konnten uns absolut nicht bewegen. Ich spürte bereits kaum mehr meine Füße und meine Hände. Eng an meinen Vater gedrückt, versuchte ich den Kopf zu bewegen. In diesem Moment flüsterte er mir zu:

»Sing, Luna!«

Im ersten Moment habe ich gar nicht darauf geachtet, ich bemühte mich nur, nicht zu ersticken. Doch Papa wiederholte noch einmal, lauter:

»Sing, Luna, sing!«

Er sagte es in einem so gebieterischenTon, dass er mich in gewisser Weise aufweckte. Unsere Blicke begegneten sich in der Dunkelheit. Um uns herum war nun anhaltendes Wehklagen zu hören. Also suchte ich nach einem Rest von Atem in meinem tiefsten Innern. Und ich sang. Das Klagen verstummte. Ich wusste, ich musste singen und immer weiter diesen Atem aus mir schöpfen.

Plötzlich schrien draußen deutsche Stimmen:

»Musiker! Musiker!«

Die schwere Tür wurde aufgeschoben, Licht erfüllte den Waggon. Ein SS-Mann schrie:

»Musiker, raus! Schnell! Los!«

Und ohne zu wissen, wie mir geschah, befand ich mich wieder draußen, die Geige in der Hand. Um mich herum wurde geschrien. SS-Leute versuchten eine Kette um die Welle von Gefangenen zu bilden, die wie ich aus dem Waggon geklettert waren. Ich begriff nicht, was sich da abspielte, ich suchte nur meinen Vater. Ich hörte, wie jemand rief:

»Fräulein!«

Eine Stimme, drängend und voller Furcht. Wiederum erkannte ich sie.

Blitzschnell registrierte ich zu meiner Linken die Kette der SS und rechts von mir den schwarzen Wagen der Sanitätsbehörde. Ich sah die blauen Augen des Soldaten mit der schwarzen Feldmütze. Er versuchte verzweifelt die Absperrung für mich offen zu halten. Die SS-Leute schrien »Schnell!«, und auch er sagte es, aber es galt mir, damit ich schnell, schnell hindurchlief. »Schnell! Ich flehe Sie an.«

Und ich fing an zu rennen.

Ich rannte ohne anzuhalten, bis der Tag zur Neige ging und die Schatten länger wurden. Ich ging in eine Toreinfahrt, dann in einen Hof, der von Gegenständen übersät war, die wie in einem Moment der Panik weggeworfen wirkten und nicht zusammenpassten: Küchenutensilien, Kinderspielzeug; eine Puppe, der ein Arm fehlte, blickte mich mit dunklen Augen an. Es gab geöffnete Koffer, deren Inhalt auf dem staubigen Zement herumlag. Darunter ein großer blauer, aufgeklappt wie ein Mund, der weint. Es gab sogar einen Rollstuhl, der in eine Ecke geworfen worden war. Ich blieb so stehen und betrachtete wie betäubt alles um mich herum Die Sonne war vollkommen verschwunden.

Erst dann begriff ich, dass ich meinen Vater nicht mehr wiedersehen würde.

Ich war vollkommen ausgepumpt und zu Tode erschöpft. Ich dachte nicht mehr, ich fühlte nicht mehr. Wie ein gejagtes Tier prüfte ich mein Versteck, suchte auf einem Dachboden Schutz und schlief ein. Ich schlief den ganzen folgenden Tag und auch die darauf folgende Nacht, mit dem Kopf auf der Geige. Erst als ich am übernächsten Tag erwachte, in einem eigenartig wehen Schwebezustand, in den einen der Halbschlaf manchmal versetzt, empfand ich den Schmerz wie einen Dolch. Ich ließ meinen Tränen freien Lauf, saß auf dem modrig riechenden Holzfußboden und schluchzte. Ich überließ mich meiner Verzweiflung.

Und dann tauchte ohne Vorankündigung in der grauen Morgendämmerung, die dahinschwand, wieder das ernste Lächeln des Offiziers aus dem *Britannia* auf. Es geschah ganz plötzlich, wie eine vergessene Empfindung, und doch mit einer außerordentlichen Klarheit, von der man nicht weiß, auf was sie sich bezieht, die einen jedoch mit einer innersten, wesentlichen Welt verbindet. Es war das erste Mal, dass das Lächeln, das mich verfolgt hatte, wirklich zu einem Gesicht gehörte, und dieses Gesicht war ein deutsches, und über diesem Gesicht war eine schwarze Feldmütze – die Feldmütze, die er rasch abnahm, wenn er früher unter meinem Fenster vorbeikam, als ich sang. Bei dieser Erinnerung bemerkte ich überrascht, dass ich lächelte, und das tat gut.

Danach ergriff mich tiefe Mutlosigkeit. All meine Kräfte verließen mich wieder. Ich verkroch mich in dieser Wohnung. Das gesamte Wohnhaus schien von seinen Bewohnern gesäubert worden zu sein, aber ich war wie gelähmt vor Angst, auf einen Deutschen zu treffen. Ich wagte nicht einmal, in den Hof hinunter zu gehen. Der Hunger quälte mich. Ich klapperte mit den Zähnen, mir war kalt, ich hatte Angst, eine Angst, die mich erstarren ließ. Ich wäre bereit gewesen zu sterben, wenn ich dort nur hätte einschlafen können, ohne je wieder aufwachen zu müssen. Das Einzige, wonach ich mich sehnte, war, dass ich nicht mehr diese Spannung in meinem Brustkorb zu spüren brauchte, mein beklommenes Herz, diese eisige Kälte in meinen Adern.

Am Morgen des dritten Tages erwachte ich auf dem vor Dreck stinkenden Holzfußboden aus einem schlechten Traum. Da hellte ein Gedanke meine Benommenheit auf. Ich musste Ysroel finden, den alten Freund meines Vaters. In diesem Augenblick fühlte ich mich nicht einmal mehr fähig, zu unserem Treffpunkt und meinen Kampfkameraden zu gehen. Ich war unglücklich, allein, ich hatte meine ganze Familie verloren. Der Gedanke an Ysroel erwärmte mir das Herz. Er würde mich sicher beherbergen, wenn es mir gelang ihn zu finden. Diese Hoffnung verlieh mir die Kraft aufzustehen, das Geräusch der knarrenden Treppenbohlen zu ertragen, über den Leichnam im Flur des zweiten Stocks zu steigen und die verlassene Straße von Toreinfahrt zu Toreinfahrt bis zur Gensia-Straße hinaufzurennen.

Ysroel empfing mich wie seine eigene Tochter. Er teilte seine mit Büchern angefüllte Wohnung bereits mit einer Familie, aber er fand für mich einen Winkel in seiner Nähe, und in dem Moment war das alles, wonach ich mich sehnte.

Ysroel schloss sich die meiste Zeit in seinem Arbeitszimmer ein, um an seiner Ghettozeitung zu arbeiten. Jede Nacht vergrub er die Produktion des Tages. Am ersten Abend taten wir das, was ich mit Papa zusammen vorgehabt hatte, bevor wir in die Razzia geraten waren. Wir vergruben die Geige zusammen mit den Dokumenten unter den Pflastersteinen im Hof.

Ich hatte meine Kameraden von der Organisation wiedergefunden, die mich mit ihrer warmherzigen Nähe umgaben. Sehr schnell wurde Ysroels Zimmerchen einer der neuen Orte, wo wir uns trafen. Doch ich versuchte nach Möglichkeit, Versammlungen nicht auf Zeiten zu legen, zu denen er uns hätte überraschen können. Er lehnte, wie viele Geistliche, einen Aufstand grundsätzlich ab und versäumte keine Gelegenheit, das Thema anzusprechen, wobei er sowohl neugierig war, was wir vorbereiteten, als auch kritisch in Bezug auf unsere Methoden. Da dies dazu angetan war, mich zu verärgern, vermied ich es, ihm Gelegenheit dazu zu bieten. Außerdem fanden wir uns meistens mitten in der Nacht zusammen, wenn ich ziemlich sicher sein konnte, dass er schlief.

Eines Nachts klopfte es an die Tür. Drei schnelle Schläge, zwei langsame. Ein Freund. Ysroel schlief noch nicht, der Augenblick war sehr unpassend. Während er den Blick fragend von seinem Buch hob, sagte ich zu ihm:

»Mach dir keine Sorgen, es ist ein Freund.«

»Soso, ein Freund ...«

Ich öffnete die Tür. Yankel erschien, sein Gesicht wirkte merkwürdig erregt. Er wollte gerade loslegen, als er Ysroel bemerkte:

»Guten Tag, Onkel Ysroel, Sie sind heute noch spät auf!«

»Und du, mein Junge ... Es ist ziemlich spät, um an die Tür eines jungen Mädchens zu klopfen! Setz dich, mein Sohn!«

Ysroel hatte sich erhoben, um sein Buch in das Regal zurückzustellen. Yankel flüsterte mir ganz leise zu:

»Rosa hat eben die ersten Wehen bekommen.«

Ich sprang auf, er hielt mich am Arm zurück.

»Keine Panik, es ist noch nicht ganz so weit. Die alte Rochele ist bei ihr. Alles ist vorbereitet ... Es wäre unschicklich, nicht noch ein wenig bei deinem Onkel zu bleiben.«

Mein Onkel ... so nannte ich Ysroel jetzt. Er war der Bruder, den mein Vater nie gehabt hatte und den er heute durch mich erhielt. Es war ein angenehmes Gefühl, wenn ich »mein Onkel« sagte, und seine Freude war genauso groß wie meine.

»Yankel, Onkel Ysroel kann es verstehen!«

Aber schon machte sich Ysroel über Yankel her:

»Nun, junger Mann, du willst auch kämpfen? Und du denkst sicher auch, dass euch die Polen helfen werden? Aber ihr seid alle leichtgläubig! Ich habe es schon zu Luna gesagt, ich bin alt, ich wiederhole mich ... Die Polen werden euch nicht helfen. Sie haben viel zu viel Angst, dass die Alliierten sie für Kommunisten halten, wenn sie den Juden im Ghetto helfen. Was die kommunistischen Polen betrifft ... die sind in allererster Linie Polen! Ihr könnt nichts dafür, dass sie euch nicht mögen. Sie werden abwarten, ohne einen Finger zu rühren, bis die Deutschen oder gar die Russen uns liquidiert haben!«

Yankel hörte höflich zu und warf mir dabei verschwörerische Blicke zu. Aus Anstand erwiderte er:

»Aber, Onkel Ysroel, wir können uns doch nicht einfach liquidieren lassen, da sind Sie doch meiner Meinung?«

»Ihr werdet doch einem Rabbi nicht sagen wollen, dass er zu den Waffen greifen soll, nein, das werdet nicht tun ...«

Ysroel sank in sich zusammen. Doch seine letzten Worte hatten einen bitteren Klang. Schließlich war er Rabbiner, und wir wussten alle, dass die Opposition der Religiösen gegen den militärischen Widerstand eine Sache des Prinzips war. Und dennoch ... ich spürte, dass mein alter Freund, hätte er es gekonnt, dieses Prinzip bereitwillig gebrochen hätte.

»Bringen wir uns nicht gegenseitig in Versuchung«, schloss Yankel lächelnd.

Und da er Anstalten machte aufzustehen, um sich zu verabschieden, fügte Ysroel hinzu, als wollte er sich entschuldigen:

»Seht, meine Waffe ist dieses dicke Buch. Es ist meine Zeitung, junger Mann. Ich benutze sie seit dem ersten Tag, an dem wir Juden in diesem Ghetto eingeschlossen wurden. Mein Versteck ist fertig, dort, ein Loch in der Erde, das ich immer wieder verschließe. Am Tag, an dem man mich holt, begrabe ich es innnerhalb einer Minute. Und die Welt wird es erfahren. Und die Kinder und Enkelkinder dieser Verdammten werden es erfahren, dass sie ebenso verdammt sind. Es steht in der Bibel: Die Henker werden über mehrere Generationen hinweg verflucht sein ...«

Yankel verzichtete auf eine Antwort. Wir Ghettokämpfer glaubten nicht an einen schicksalhaften Hass zwischen Völkern. Wir glaubten vielmehr an die Brüderlichkeit unter den Menschen. Vielleicht war das eine Utopie. Aber diese Utopie war die Lebenskraft, die es uns ermöglichte zu kämpfen, wenn der Tag gekommen war.

Und viele von uns glaubten immer noch, dass der polnische Widerstand, trotz allem, was man sich erzählte, am entscheidenden Tag auf unserer Seite stehen würde.

Eine Träne rollte über Ysroels zerfurchtes Gesicht. Er wischte sie ungeschickt weg.

»Los, los ... Geht nur, jeder tut das, was er glaubt tun zu müssen. Gebt mir gut auf meine kleine Luna acht, ich brauche sie noch, damit sie mir abends vor dem Einschlafen *Schlof, mein Kind* singt.«

Ich umarmte ihn, ehe ich das Zimmer verließ, und wir stürzten die Treppe hinunter.

Brascha wurde in unserem Versteck in der Karmelitzka-Straße am 1. März um fünf Uhr morgens geboren. Rosa nannte ihre Tochter »Gebet«, auch ihre eigene Mutter hatte so geheißen. Alle, die dabei waren, empfanden diese Geburt als einen Moment der Gnade. Der Krieg, die Deportationen, die Angst, der Tod, die Grausamkeit, die Entbehrungen waren vor der reinen Freude über die Ankunft dieses Babys in den Hintergrund getreten. Da sie von einer unterernährten Mutter ausgetragen worden war, war die kleine Braschele sehr schwach und zart. Aber sie hat sofort geschrien und an der Brust ihrer Mutter getrunken. Um Rosa zu helfen, sie ordentlich zu ernähren, organisierten wir Versorgungs-, Tauschhandel- und

Schwarzmarktaktionen. Zur großen Freude aller nahm Braschele sehr schnell an Gewicht zu.

Das Leben in der Notunterkunft organisierte sich um sie herum. Die Lüftungslöcher waren offen, wenn sie schlief, wir schlossen sie, sobald sie aufwachte oder weinte, um kein Risiko einzugehen, entdeckt zu werden. Alles, was dieses kleine Lebewesen tat, hatte ein Publikum von Schaulustigen, das durch sie die einzige und wunderbare Gelegenheit erhielt, hin und wieder lächeln und vergessen zu können. Und Yankel? Es war eine Freude, ihm zuzusehen, wie er seine Tochter gerührt und ungeschickt hochnahm und sie zärtlich an sich drückte, bevor er sich zu seinen Missionen aufmachte, die mit dem näherrückenden Ende immer gefährlichere Formen annahmen.

Eine ständige Sorge der Organisation war das Problem der Verbindungswege. Es galt als sicher, dass die Deutschen bei jeder kommenden Aktion die Straßen beherrschen würden. Also mussten wir uns die Hoheit über die Keller sichern. Wieder einmal wurde die Aufgabe Yankel übertragen. Er hatte eine außergewöhnliche Gabe, Zusammenhänge zu kombinieren, sowie eine scharfe Intuition, mit der er die Dinge organisierte. Er wurde damit beauftragt, alle Kommunikationsstränge zu koordinieren: Verstecke, Notunterkünfte, Tunnel, die Kanalisation, aber auch die Verbindungsstege zwischen den Dächern, Strickleitern, geheime Treppen, die Durchgänge zwischen den Dachböden.

Yankel war ein sehr begabter Geigenspieler und eine zutiefst musikalische Seele. Ich höre ihn noch, wie er mir strahlend erklärte, dass der Warschauer Untergrund im Grunde genauso komplex und organisiert sei wie eine mehrstimmige Partitur:

»Luna, du musst mein System besser als jeder andere verstehen. Nimm die vierstimmigen Fugen aus Bachs *Kunst der Fuge*. Das

Thema, das du in den vierundzwanzig Fugen in unterschiedlichen Formen wiederfindest, rückwärts, gespiegelt, mit rhythmischen Abwandlungen und so weiter. Und dann sind da jedes Mal die Stimmen, die im Kontrapunkt dazu verlaufen. Du weißt ...«

Ich wusste, was er meinte. Ich hatte Unterricht in Kontrapunkt und Polyphonie gehabt, ich hatte Kantaten gesungen. Doch mir war noch nicht ganz klar, worauf er hinauswollte. Er sprach weiter:

»Nun, man könnte sagen: Das Thema, das sind die Hauptkanäle. Die Stimmen, die der Reihe nach hinzukommen, die ablaufen, sich verlieren und sich wiederfinden, nun das sind ... Straßen, Wege, wenn dir das lieber ist, Durchgänge, die man benutzen könnte, um sich zu retten. Du transponierst einfach!«

»Ich sehe nicht, wozu dein Bild dienen soll!«

Yankel lächelte hintersinnig.

»Doch keiner anderen als dir! Es dient zur reinen Erbauung des Geistes und des Ohres!«

Er entfaltete ein Blatt Papier, auf das er eine Karte gezeichnet hatte. Darauf erkannte ich fortlaufende Linien in vier verschiedenen Farben: Grün, Rot, Blau, Schwarz. Ein doppelter schwarzer Strich stand für den Hauptkanal der Kanalisation. An mehreren Stellen der Karte befanden sich rote Kreise. Und dann punktierte Linien. Auf den ersten Blick konnte ich gar nichts damit anfangen.

»Ich sagte, du musst transponieren. Alles, was punktiert ist, ist an der Oberfläche. Sagen wir C-Dur. Die roten Kreise: die Eingänge von der Straße aus. Alle durchgezogenen Linien sind die unterirdischen Verbindungswege. Lauter parallele Molltonarten, wenn du so willst.«

Er brach in Gelächter aus.

»Wenn das kein Geheimcode ist!«

»Ja, aber bei uns werden nicht viele ihn lesen können!«

In Wirklichkeit war sein Plan vollkommen verständlich, natürlich auch für Nicht-Musiker! Aber er erklärte ihn mir bis in die allerkleinsten Details, als würde er eine Fuge von Bach analysieren, und ich begriff, dass sein musikalischer Geist wieder einmal Wunder vollbracht hatte.

»Schau, jeder Gang ist ein möglicher Weg, um von einer Notunterkunft zur anderen zu gelangen. Alle durchgezogenen Linien haben theoretisch – außer bei Verschüttung oder Verstopfung – einen Durchgang, in dem man aufrecht stehen kann und der mit einem Kanal verbunden ist, der zum Hauptkanal führt. Wo die Linie mit einem Pfeil endet, erreicht man die Ebene minus zwei, normalerweise muss man hier kriechen, das ist schwieriger. Der Weg verliert sich, doch man kann ihn benutzen, dort zum Beispiel … siehst du? Schau, und hier findet man ihn wieder. Genau wie eine Stimme in einer Fuge übrigens. Hier kannst du dich aufrichten und gerade gehen, das ist praktischer.«

Er setzte seinen Bleistift auf, ließ ihn vor mir tanzen, seine Augen glänzten vor Fröhlichkeit. Rosa betrachtete Yankel verliebt, sie war voller Bewunderung, und ich glaube sogar leicht eifersüchtig auf unseren musikalischen Einklang.

Es war wirklich fantastisch. Es war wie bei einer Partitur: Man musste das Gesamtbild im Kopf haben, um sie spielen zu können. Doch diese Partitur war die unserer Freiheit.

Jene Nacht habe ich damit verbracht, die verschiedenen Stimmen der Fuge zu singen, die es uns ermöglichte, die letzten Juden des Warschauer Ghettos zu retten.

Anfang April wurde Rosa von den Deutschen in einem Keller in der Karmelitzkastraße überrascht, als sie und zwei andere Kameraden ein letztes Paket mit Waffen in Empfang nahmen, das Yankel von der arischen Seite mitgebracht hatte. Die Übergabe fand in einem Keller statt, der mit einer Notunterkunft in der Nizka-Straße verbunden war.

Rosa war mit Braschele gekommen, die jetzt einige Wochen alt war. Sie hatte den Raum von der Straße aus mit dem eingemummelten Baby betreten und sollte mit demselben eingewickelten Paket wieder aus der Tür herauskommen, aber dieses Paket würde nun zwei Maschinenpistolen und fünf Revolver enthalten.

Die Übergabe ging ohne Probleme über die Bühne. Braschele war gestillt worden und schlief friedlich, während ihr Vater sie gegen ein Paket Waffen eintauschte. Er war gerade mit dem Baby weggegangen und befand sich schon in dem Verbindungsgraben, der zu der Notunterkunft führte, als die Deutschen den Keller betraten.

Dann ging alles ganz schnell. Es kam zu einem Wortwechsel. Yankel erkannte Rosas Stimme, verstand aber nicht, was sie den Soldaten zu sagen versuchte. Er nahm sich zusammen, um nicht in den Keller zurückzustürzen, und drückte seine Tochter fest an sich. Dann hörte er Schüsse. Drei Salven, deren nicht enden wollendes Echo ihm durch Mark und Bein ging. Er spürte, wie ihn seine Lebenskraft verließ, es fühlte sich an wie bei einem Stück Stoff, das Faden um Faden aufgetrennt wurde. Er drückte seine Tochter fester an sich. Sie stöhnte ein wenig, er wiegte sie sanft hin und her. Es wurde wieder still. Braschele war nicht aufgewacht.

Als Yankel verzweifelt in den Keller zurückkehrte, saß Rosa neben ihren Kameraden, die in ihrem Blut schwammen. Sie betrachtete sie wie betäubt. Einen Augenblick lang schien sie Yankels Ankunft nicht zu bemerken. Sie fasste sich an den Hals und hielt den Kopf nach vorn gesenkt. Dann musterte sie ihre blutbedeckte Hand, erblickte Yankel und verlor das Bewusstsein. Die für sie bestimmte Kugel war von dem dicken Zopf, den sie hinten auf ihrem Kopf aufgerollt trug, abgelenkt worden und hatte ihren Nacken nur gestreift, bevor sie im linken Kiefer steckenblieb.

Man musste die Kugel herausschneiden, Rosa litt wochenlang unter Schmerzen, aber sie lebte, und das war wie ein Wunder. Reno und Isi, unsere Kameraden, waren tot.

Später, einige Stunden vor dem Aufstand, sagte Rosa zu mir: »Weißt du, Luna, wenn das alles zu Ende ist, glaube ich, dass du und ich so ziemlich die einzigen Menschen auf der Welt sein werden, die von sich sagen können: ›Ich bin erschossen worden.‹« In jenem Moment befanden wir uns in unserem Unterschlupf. Es war nur noch eine Frage von Stunden, dann würde der Aufstand losbrechen. Wir alle, die hier versammelt waren, gingen mit der Vorstellung darauf zu, dass wir dabei sterben würden. Das heißt, der Gedanke an das, was sein würde, »wenn alles zu Ende ist«, beschäftigte uns eigentlich nicht. Ihre Bemerkung war ihr gegen ihren Willen herausgerutscht, vielleicht wegen der kleinen Braschele, die hartnäckig darauf bestand, zu leben und zu lachen, und die an der Brust ihrer Mutter hing, vielleicht weil diese Brust trotz der spärlichen Nahrung auf geheimnisvolle Weise voll blieb, vielleicht, weil alle diese Geheimnisse dazu beitrugen, dass wir noch an Wunder glaubten. Wahrscheinlich war es so. Jedenfalls lachten wir beide darüber. Ich setzte noch eins drauf: »Das wird vielleicht sogar ein extremer Verführungsfaktor sein! Die Jungen werden sich mit den Ellenbogen anstoßen, wenn sie uns sehen, und sagen: ›Schau, diese Mädchen, die sind erschossen worden!‹«

Wir lachten wie kleine Mädchen. Man musste einfach lachen, es ging nicht anders. Braschele lächelte häufig den Engeln zu. Sie öffnete ihre große schwarzen Augen weit, fixierte einen unsichtbaren Punkt und lächelte. Dann nahm ich ihren kleinen samtenen Kopf vorsichtig in meine Hand und streichelte sie. Und die Angst, die meinen Magen zuschnürte, löste sich unmerklich.

Am 8. April befand ich mich mit Yankel außerhalb des Ghettos, um Verpflegung zu organisieren, als der kleine zehnjährige Joseph, der uns als Kurier diente, eines Morgens völlig außer Atem in der Wohnung erschien, in der wir kampierten.

»Ihr müsst sofort in die Sewerynow-Straße kommen. Marek will euch sehen!«

Marek hatte nach Anteks Tod die Leitung der Gruppe übernommen. Wir eilten in das Kloster. Die Nonnen ließen uns eintreten und führten uns in das Besuchszimmer, wo Marek uns erwartete.

»Die entscheidende deutsche Aktion steht unmittelbar bevor. Wir müssen zurück ins Ghetto.«

Wir machten uns sofort auf den Weg. Im Unterschlupf waren alle nervös. Nur Rosa strahlte eine große Heiterkeit aus, und es war erstaunlich zu spüren, dass von ihr und Braschele, diesem kleinen Paar – auf den ersten Blick war es das zerbrechlichste unter uns – eine derartige Kraft ausging.

Am 14. April kehrten Mordechaj und Alex mit einer Nachricht zurück, die die Spannung noch um eine Stufe erhöhte. Ein Gruppe von deutschen Offizieren und Soldaten lief durch die verlassenen Straßen des Ghettos, es schien, als würden sie gewisse Orte besonders überprüfen.

Ich hatte immer gedacht, dass die Ungewissheit der unangenehmste aller Zustände sei. In jenem Moment begriff ich, dass die Gewissheit noch schlimmer sein konnte. Jeder sagte sich im Innern, dass er in einigen Stunden dem gegenüberstehen würde, worauf sich unsere gesamten Anstrengungen seit mehreren Monaten konzentrierten. Plötzlich nahm die hundertfach benutzte Redewendung »mit den Waffen in der Hand sterben« eine Realität an, die kaum wirklich zu ermessen war. War es das, was ich wollte, jetzt, wo ich am Fuße der Mauer stand? Mit der Waffe in der Hand, sicher. Aber sterben? Nein, wir wollten nicht sterben.

Diese inneren Kämpfe erlebte jeder still auf seine Art und Weise.

Doch das, was wir in dieser Zeit des Wartens auf das Ende miteinander gemeinsam hatten, war die Angst. Eine neue, schreckliche Art von Angst, die die Eingeweide zusammenkrampfen ließ. Wovor hatten wir mehr Angst? Vor dem Sterben? Oder vor der Angst, die wir im allerletzten Moment empfinden würden? Davor, dass wir nicht den Mut haben würden zu kämpfen, oder vor dem Kampf selbst? Es war eine Mischung aus alledem. In diesen letzten Stunden schliefen wir nicht sehr viel.

DER AUFSTAND

Als Mordechaj und Alex am 15. April die ersten Minen auf der Kreuzung der Gensia- und Zamenhova-Straße legten, war das Ghetto bereits seit mehreren Wochen entvölkert. Danach schlossen sie sich, die Hand auf dem Schalter, der die Zündung auslöste, in ihrem Beobachtungsposten ein. Vierundzwanzig Stunden lang spielten sie nervös Karten, wobei sie die Löcher zwischen den Zeitungen im Auge behielten, die die Fenster verstopften. Rosa, der kleine Joseph oder ich brachten ihnen etwas zu essen. Wir warteten. Am Abend des 16. April, als ich gerade dabei war die Mansarde zu verlassen, rief Mordechaj aus:

»Kommt mal her!«

»Deutsche! Offiziere ... Schaut euch mal den da an, er ist mit Tressen bedeckt!«

»Rührt euch nicht! Sie zeigen mit dem Finger auf unser Wohnhaus!«

Wir hielten den Atem an. Die Gruppe war stehengeblieben. Die Offiziere schienen die Kreuzung von allen Seiten her zu untersuchen, wobei sie die Perspektiven, die die Gensia- und Zamenhova-Straße boten, besonders unter die Lupe nahmen.

»Sie sind weg. Hast du gezählt, wie viele es waren?«

»Ungefähr zwanzig, darunter ein höherer Offizier, ein Kommandant, oder so etwas. Auf jeden Fall jemand, der das Ghetto nicht kennt und dem man es zeigt.«

»Was hat das deiner Meinung nach zu bedeuten?«

Alex wurde blass und antwortete nicht.

Wir langten fast gleichzeitig mit Hillel im Versammlungsraum an. Er machte ein Zeichen, woraufhin alle schwiegen.

»Meine Freunde, ich habe gerade den Befehl zur Mobilisierung erhalten. Wir sind in einer Stunde alle in die Nizka-Straße Nr. 18 bestellt, um genauere Anweisungen zu erhalten.«

Nizka-Straße Nr. 18, eine geheimes Quartier, das wir nicht kannten. Es fasste ungefähr hundert Menschen. Am achtzehnten April um acht Uhr abends waren wir wahrscheinlich fast zweihundert. Rosa hatte darauf bestanden, mit Braschele und Yankel zu kommen. Um nichts auf der Welt wäre sie mit den anderen Müttern in der Notunterkunft in der Karmelitzka-Straße geblieben. Das Quartier hätte keine Laus und keinen Floh mehr fassen können. Die Leute saßen oder hockten auf dem Boden, zu dritt oder viert auf einer Liege eng aneinandergedrängt, einige hielten sich sogar liegend im Eingangstunnel auf. In dem blassen Licht der Karbidlampen, die an der Decke hingen, wirkten die Gesichter angespannt und erregt. Die Tür öffnete sich, und ein Mann bahnte sich einen Weg bis zu einer Kiste, auf die er stieg. Er richtete sich auf, und ich erkannte Marek. Also war Marek einer der Leiter der Bewegung! Nicht nur der unserer kleinen Gruppe, sondern der gesamten großen Widerstandsbewegung. Er hob die Hand, um um Ruhe zu bitten.

»Kameraden! Ich bin Marek und ich leite unsere Bewegung im Nordsektor des Ghettos. Die Jüdische Kampforganisation zählt zweiundzwanzig Kampfgruppen, ungefähr sechshundertfünfzig Menschen. Uns stehen zweitausend Deutsche gegenüber.«

Bei diesen Worten wich die an den Gesichtern ablesbare übergroße Anspannung einem Ausdruck des Zweifels. Ein allgemeine Unruhe entstand. Marek machte ein Zeichen.

»Ein wenig Ruhe bitte! Das bedeutet etwas ganz Exaktes, meine Freunde!«

Er hämmerte seine Worte, als wolle er jedes einzelne in alle anwesenden Köpfe einprägen.

»Das bedeutet, dass jeder von uns mindestens drei Deutsche ausschalten muss!«

Es folgte ein allgemeiner Ausruf, hier und da wurde gepfiffen und geklatscht. Marek sprach weiter:

»Drei Deutsche, bei durchschnittlich zwölf Patronen für jeden Kämpfer. Das heißt, es kommen vier Schüsse auf einen Deutschen!«

Jemand sagte:

»Wenn ich das zusammenfasse, heißt das: Wir stehen schlecht da!«

Marek schlug heftig mit seiner Faust auf den kleinen Tisch, sodass das Wasserglas umkippte.

»Ich verbiete dir, so etwas zu sagen! Unsere Entschlossenheit wird Berge versetzen! Wir werden die Deutschen bestrafen! Wir müssen ihnen zeigen, wozu die Juden fähig sind!«

Ein donnernder Applaus folgte auf diese Erklärung. Braschele fing an zu brüllen.

Am 19. April 1943, dem Tag des Pessachfestes, dem jüdischen Ostern, marschierten die Deutschen am frühen Morgen in geschlossener Formation in das Ghetto ein. Als sie am Muranowski-Platz ankamen, wurden sie von einer Feuerwand empfangen und in die Flucht geschlagen. Am selben Abend fanden wir uns im Quartier zusammen. Wir hatten Verluste erlitten, aber die Deutschen nicht weniger, und wir waren entschlossener denn je. Dieses Mal ergriff Hillel das Wort:

»Kameraden, wir haben den Nazis eine historische Niederlage zugefügt! Die Juden des Warschauer Ghettos sind die Ersten, die sich gegen den Feind aufgelehnt haben!«

Die Deutschen waren zunächst wie betäubt. Erst am nächsten

Morgen eröffneten sie erneut das Feuer und griffen die Häuser mit Flammenwerfern an. Nun erwies sich unser System von Verbindungswegen als äußerst wertvoll. Unsere Gruppen kämpften von einem bestimmten Haus aus, begaben sich dann auf die angrenzenden Dächer oder in die benachbarten Keller und hinterließen dem Feind auf diese Weise ein leeres Gebäude. Danach verließen die Deutschen den Ort, und die Kämpfer nahmen ihre Stellungen wieder ein. Wenn ich heute an den Aufstand im Ghetto zurückdenke, denke ich an einen nicht enden wollenden Tag und an eine Folge von Tagen und Nächten, die ohne jede Reihenfolge in meiner Erinnerung vor mir ablaufen. Es sind Bilder, die sich ohne echte Chronologie aufdrängen.

Ich weiß, es muss am dritten oder vierten Tag gewesen sein, als wir in unseren Unterschlupf zurückkehrten. Da hielt mir Rosa mit einer gebieterischen Geste ihr Baby hin. Ich nahm Braschele, die mich erstaunt betrachtete, weil sie so plötzlich von ihrer Mutter getrennt war. Sie fing an zu weinen, und ich wollte sie Rosa zurückgeben.

»Nein!«, sagte Rosa in einem Ton, der keine Widerrede duldete. »Pass auf sie auf. Ich gehe hinaus!«

Braschele schrie jetzt wütend und streckte die kleinen Händchen ihrer Mutter entgegen. Ich wagte einzuwenden:

»Wo gehst du hin? Rosa, du kannst doch nicht …«

»Ich werde nicht hierbleiben! Ich will kämpfen! Wie ihr alle!«

»Dann geh, Rosa. Ich kümmere mich um Braschele«, entgegnete ich.

Rosa ging hinaus, ohne sich einmal umzudrehen. An jenem Tag nahm sie an der zweiten Schlacht teil, die an der Muranowskikreuzung stattfand. Am selben Tag sind auch zwei von uns nicht mehr zurückgekehrt. Unsere Kämpfer haben zahlreiche Deutsche getötet. Einer von ihnen ging auf Rosas Konto.

Ich erinnere mich auch, dass in den ersten Tagen im Eingang unseres Quartiers eine Granate explodierte und einen Erdrutsch auslöste. Diejenigen, die sich dort befanden, erhielten den Befehl, durch das frei gebliebene Loch den Ort zu verlassen und sich in ein anderes Versteck zu begeben, das sich in einer leeren Wohnung in der Nizka-Straße befand. Wir anderen duften uns nicht rühren, bis man uns abholte. Vom frühen Morgen an hörten wir Schusswechsel. Wir hingen nacheinander mit dem Auge an der schmalen Öffnung, die ins Freie führte, und schauten begeistert zu, wie die Partisanen auf den Dächern der gegenüberliegenden Wohnhäuser mit der Waffe in der Hand herumrannten – Silhouetten, die sich gegen den Himmel abzeichneten. Am Ende des Tages schwieg das Knattern der Maschinengewehre. Yankel kam auf einen Sprung vorbei, um uns zu verkünden, dass die deutschen Truppen zum zweiten Mal zurückgedrängt worden seien.

Wir waren verrückt vor Freude. Braschele begann vor sich hinzuweinen, Rosa öffnete die Bluse, und die Kleine stürzte sich auf ihre Brust. Plötzlich stieß ich Rosa mit dem Ellenbogen an.

»Schau! Dort oben!«

Gegenüber wurde in Sekundenschnelle wie von unsichtbarer Hand eine rotweiße Fahne am Schornstein entlang hochgezogen. Man erkannte sie nicht richtig, sie vermischte sich noch mit der Backsteinfarbe des Gebäudes. Doch dann hob sie sich plötzlich ab und knatterte am wolkenlosen Himmel! Frei!

Unten erblickten Dutzende von Augenpaaren diese Fahne. Unsere Farben, die auf diesem Wohnhaus in der Muranowski-Straße im Wind flatterten, waren sogar von der anderen Seite der Mauer aus zu sehen! Wir wussten, dass auch in der Umgebung Stolz und Hoffnung die Herzen schwellen ließen, dass in der Tiefe der verstaubten Notquartiere, durch die Schießscharten hindurch, aus den Tiefen der Erde und der Tunnel, die den Boden des Ghettos durchlöcherten, dieses Rot und dieses Weiß den Himmel von Warschau erleuchteten.

Und plötzlich überkam uns das wahnsinnige Gefühl, gesiegt zu haben. Ohne lange nachzudenken, stieg ich auf die Fensterbrüstung und sang im Stehen aus Leibeskräften die *Hatikva*, die jüdische Nationalhymne, deren Name »die Hoffnung« bedeutet. Da vollzog sich das Wunder: Aus den Notunterkünften, den verbarrikadierten Türen und zugemauerten Fenstern, aus dem Untergrund des Warschauer Ghettos stieg der Siegesgesang empor.

Eine Minute des Stolzes mitten in der Hölle. Wir waren die Ersten! Die Juden des Warschauer Ghettos waren die Ersten auf der ganzen Welt, die es wagten, gegen die Besatzung zu rebellieren.

Diese Besatzung würde ein Ende haben, jetzt wussten wir es. In diesem Moment hatte sich der beißende Geruch des Pulvers in den Duft der Freiheit verwandelt.

Fast vierundzwanzig Stunden lang blieben die Fahnen gehisst, wachten über uns, wehten frei, spotteten der Wut der deutschen Soldaten und verhöhnten sie vor der ganzen Welt.

Dann kam das Ende, aber wir wussten es nicht. Im Moment wussten wir gar nichts mehr. Die Deutschen steckten ein Wohnhaus nach dem anderen mit Flammenwerfern in Brand. Wir verkrochen uns in den Geheimquartieren, in den Kellern, kamen nach Einbruch der Nacht für sporadische Aktionen ans Licht oder um unser Quartier zu wechseln. Wir wussten nicht genau, was an anderen Orten passierte. Wir kannten nur die Namen der Freunde, die hinausgingen und die nicht wiederkamen. Es gab keine großen Kämpfe mehr wie in den ersten Tagen. Von nun an fand der Kampf in kleinen Etappen, von Haus zu Haus, von Stockwerk zu Stockwerk, von Dach zu Dach statt.

Yankel und ich hatten eine persönliche Form der Provokation entwickelt. Wir warteten ab, bis totale Stille eingetreten war und die Ruinen im Dunkeln lagen, bis der beißende Nebel oder der dichte Qualm aus den Häusern sich gelegt hatten. Und dann sprangen wir aus der Notunterkunft hervor, er mit seiner Geige, und stimmten die stolzen Takte der *Hatikva* an. Wir machten uns einen Spaß daraus, die Takte zu zählen, die wir singen konnten, bevor die Deutschen reagierten. Zwei, drei, fünf, zehn! Wir jubelten! In der Notunterkunft zitterte Rosa, aber wir wussten auch, dass es intensives Leben war, das wir auf diese Weise den Herzen all derer einflößten, die uns hören konnten. Jeder Takt war dem Feind abgetrotzt, bedeutete eine zusätzliche Dosis Mut für den Kampf. Nach einigen Sekunden hörten wir dann das wütende Knattern der Waffen, die näherkamen. Wir stürzten zu unserem Bau. Dort herrschte Freude nach der ausgestandenen Angst. Wir umarmten uns, wir lachten.

»Ihr seid verrückt ...«

Und dann schwiegen wir, lauschten, wie sich die bedrohlichen Geräusche entfernten. Stille trat wieder ein.

Dann gingen Yankel und ich wieder hinaus. Wir liefen ein Stück weiter weg, von einem unendlichen Machtgefühl erfüllt. Wir zogen uns an einem eingestürzten Mauerstück hoch. Dort sang ich für die funkelnden Sterne hinter den Rauchschwaden, für alle meine Freunde, die sich unter der Erde verbargen. Yankel hob seinen Bogen. Ich sang das *Frühlingslied* von Mendelssohn, um die Deutschen gezielt zu verhöhnen: Bitte schön, das ist Musik, die von einem Juden komponiert wurde, da habt ihr sie! Yankel lachte aus vollem Halse.

Schüsse wurden abgefeuert. Wir sprangen zurück in unser Loch und platzten vor Lachen, wenn wir die schweren beschlagenen Stiefel an uns vorbeimarschieren hörten und die Deutschen schrien: »Ihr Dreckskerle von Juden, ihr werdet alle versengt!«.

Das ging einige Stunden, einige Tage so weiter, ich weiß es nicht mehr genau. Wir lebten nicht in der Zeit der anderen, in der historischen Zeit. Wir lebten die Gegenwart, die Stunde, die Minute, die wahren Augenblicke, die bestehen bleiben und die der Zeit widerstehen, sie verzerren, sie in ihrer Schönheit oder ihrem Elend festhalten.

Am 8. Mai haben die Deutschen unser Versteck in der Nizka-Straße entdeckt und zerstört. Die meisten unserer Kameraden, darunter Hillel, haben das Gift eingenommen, das sie bei sich trugen, um nicht lebendig gefangengenommen zu werden.

Yankel, Rosa, Braschele und ich konnten durch einen unbewachten Ausgang flüchten. Doch der Schock war heftig gewesen. Zum ersten Mal seit Beginn des Aufstandes verließ uns unser Mut. Yankel führte uns in eine Notunterkunft in der Walowa-Straße. Aber die Deutschen legten überall Feuer, und wir mussten uns in einen anderen Keller in der Zwietojerska-Straße Nr. 34 begeben. Dort war das Wasser abgedreht worden, und am zweiten Tag schrie Braschele vor Hunger. Wir brauchten unbedingt Wasser für Rosa. Also begab ich mich mit einem Kochtopf in der Hand in den rauchenden Ruinen auf die Suche nach Wasser. Die Deutschen hatten offensichtlich alle Leitungen abgedreht, die das Viertel versorgten. Ich war verzweifelt. Kein Wasser bedeutete, dass Braschele brüllen würde und die Kameraden sich entschlossen, sie zu beseitigen, damit sie sie nicht verriet. Ich wusste das und Rosa ebenso.

Ich lief von einem Wohnblock zum anderen, stieg die Treppen der verlassenen und gewaltsam aufgebrochenen Wohnhäuser hinauf und drehte alle Wasserhähne auf. Nichts. Da hatte ich plötzlich eine Idee. Die Boiler! Es musste hier noch zwangsläufig einige geben, die mit Wasser gefüllt waren. Ich rannte zu einem noch intakten Wohnblock. Im Erdgeschoss, dort, wo einmal eine Küche gewesen war, tropfte langsam ein Dampfkessel vor sich hin. Ich stellte den Topf darunter und bedauerte es, dass ich keinen größeren mitgenommen hatte.

Da kam es zur Schießerei, nur einige Meter von dem Wohnhaus entfernt, in dem ich mich befand. Und dann vernahm ich einen ungeheuren Knall. Das benachbarte Wohnhaus war soeben von einer Explosion weggeblasen worden. Ich sprang in einen kleinen Hof und rannte wie eine Verrückte los, immer weiter, ohne innezuhalten.

Irgendwann fand ich mich in einem Ruinenfeld wieder. Die Umgebung war so verwüstet, dass ich unfähig gewesen wäre, zu sagen, in welchem Viertel ich mich befand. Reste von Wohnhäusern schwelten in beißendem Rauch vor sich hin. Ich hörte eine Salve neuer Schüsse. Entsetzen packte mich, es gab keine einzige Stelle, wo man sich verstecken konnte. Plötzlich hob ich den Blick. Vor mir stand ein kleines einstöckiges Haus. Inmitten der Trümmer war nur dieses Häuschen stehengeblieben.

Im Innern gingen vier Zimmer ineinander über. Da war nichts, wo man sich hätte verstecken können, nur ein Loch in der Decke. Ich schob einen Stuhl darunter, zog mich in den Hohlraum zwischen Decke und Dach hoch, stieß den Stuhl zurück und verharrte so keuchend, wobei ich auf das Geschützfeuer, ein Stück weit entfernt, hörte.

Irgendwann entfernten sich die Schüsse. Die Dunkelheit erfüllte meinen Dachboden, dann die schwarze Nacht. Der Raum war so winzig, dass ich gerade Platz hatte, mich gebückt aufrecht zu halten. Ich kroch bis zu der Öffnung, durch die ich geklettert war, und versuchte vergeblich, die Nacht zu ergründen. Da ich das Brodeln der Brände ganz in meiner Nähe hörte, sagte ich mir, ich würde womöglich lebendig verbrennen, wenn ich einschliefe. Während ich gerade darüber nachgrübelte, vernahm ich Schritte. Ich erstarrte. Wohin? Die Schritte näherten sich meinem Loch. Plötzlich hörte ich ein Flüstern:

»Fräulein!«

Im Moment dachte ich, ich hätte Halluzinationen. Ich lag auf dem Boden, kraftlos und halb verdurstet.

Das Flüstern fuhr fort:

»Fräulein! Ich weiß, dass Sie da sind! Ich bin gekommen, um Ihnen zu sagen, dass Sie flüchten müssen. Ich kann Ihnen helfen. Dieses Haus ist eine Falle! Morgen früh werden sie kommen und Sie gefangennehmen!«

Ich hielt den Atem an. Ich war zu geschwächt, um zu denken, und unfähig, abzuschätzen, ob diese Stimme mir Gutes oder Schlechtes überbrachte. Einen Augenblick später fuhr sie fort:

»Antworten Sie mir, ich bitte Sie! Ich komme, um Sie zu retten. Sie müssen jetzt weg. Sie haben dieses Haus stehen gelassen, damit sich die Juden dorthin flüchten. In den ersten Stunden des Tages werden sie hier sein!«

Ich konnte die Stimme wegen des ständigen Flammengebrodels schlecht orten, dennoch schien sie ganz nah bei dem Loch zu sein. Ich dachte, dass er groß sein musste, oder die Decke war niedriger, als ich glaubte. Es war ein Deutscher. Ein Deutscher, der Polnisch sprach.

»Wenn Sie jetzt weggehen, werde ich Ihnen helfen, auf die andere Seite zu kommen. Wir können es jetzt noch gefahrlos schaffen. Bald wird es zu spät sein.«

Alles in mir verkrampfte sich. Was wollte dieser Deutsche von mir? Ich biss die Zähne zusammen und kniff die Augenlider zu. Gott, was hatte ich für einen Durst! Die Stimme sprach weiter:

»Fräulein, ich habe Brot und Wasser für Sie. Antworten Sie, ich bitte Sie!«

Ich gab eine Art Geräusch von mir, einen Schluchzer oder ein Hüsteln, einen Ton, um zu sagen, dass ich wirklich da war. Plötzlich sah ich, dass sich etwas bewegte, ganz dicht vor mir. Es war eine Hand, die eine Feldflasche vor sich her schob! Ich griff danach wie eine Wilde. Als ich ausgiebig getrunken hatte, sprach die Stimme von unten weiter:

»Geht es Ihnen besser, Fräulein? Werden Sie mit mir kommen?«

Ich konnte nicht antworten. Ich war wieder bei Bewusstsein, war aber stumm. Dennoch drängte die Zeit, ich musste antworten. Ich wusste jetzt, dass ich nicht in Gefahr war, dass dieser Mann mir helfen wollte, auch wenn mir seine Gründe völlig schleierhaft waren. Doch meine Stimme versagte, es kam kein Ton heraus. Er sprach weiter:

»Ich flehe Sie an ... Ich weiß, ich bin ein Deutscher, aber ich will Sie retten.«

Es trat eine kurze Stille ein, und dann fügte er mit veränderter Stimme hinzu:

»Es ist wegen der Musik, wenn Sie wollen ...«

Mein Herz machte einen Sprung. Es war, als dürfe es plötzlich wieder schlagen. Auf einmal kam mir diese Stimme menschlich vor. Nicht deutsch. Menschlich.

Ich wiederholte schwach:

»Ja ... die Musik ...«

Ich sah ihn immer noch nicht. Draußen schien der Brand noch näher herangerückt zu sein. Man spürte schon die Hitze des Feuers. Ich war wie ein Tier, das sich in den hintersten Winkel seines Verstecks verkrochen hatte und das er für sich zu gewinnen suchte.

Er fuhr fort:

»Hören Sie, Fräulein, ich bin Cellist ... oder vielmehr, ich war es. Ich bin Musiker, kein Nazi. Ich war Soldat in der Wehrmacht, kein SS-Mann, verstehen Sie. Zwangsrekrutiert. Meine Eltern waren gegen die Nazis, sie haben Deutschland rechtzeitig verlassen können. Verstehen Sie mich, ich verabscheue die Nazis, wir waren einige innerhalb der Wehrmacht, oh, sehr wenige, so wenige! Alle Gegner sind vor langer Zeit beseitigt worden. Aber es sind einige übrig geblieben … Wir … Ich weiß nicht, was aus meinen Freunden geworden ist … Wir waren entsetzt über das, was mit den Juden geschah. Ich hatte Medizin studiert, ich wurde in der Sanitätsbehörde eingesetzt. Als Cellist war ich ein wenig bekannt, ich bin oft aufgetreten, vor dem Krieg … Hier gibt es einen General, der Musik mag, er hat mich in einem Konzert gehört … Als ich wusste, dass er Musiker suchte, um ihn zu unterhalten, habe ich mir gesagt, dass ich meine Position als Arzt und Musiker vielleicht ausnutzten könnte, um etwas zu tun … Ich habe einige kleine Dinge tun können … Es ist nicht einfach, Fräulein …«

Ich antwortete nichts. Dieser Kerl versuchte mich herunterzulocken, um mich zu töten. Oder er war ein Verrückter, ein wirklichkeitsfremder Schwärmer. Dennoch, seine Stimme wirkte ganz ruhig. Sogar warm, freundschaftlich, fast vertraut. Und was für ein Interesse hätte er daran haben können, ein unglückliches Mädchen, das unter einem Dach eingezwängt war, zur Vernunft zu bringen? Er hätte ja das Haus in Brand stecken können! Er fuhr fort:

»Ich spüre, dass Sie mir nicht glauben, Fräulein. Hören Sie, ich bin ein lebendiger Mensch, der fühlt, der leidet. Ich habe hundertmal den Wunsch gehabt, meinem Leben ein Ende zu machen und mir eine Kugel in den Kopf zu schießen. Aber jedes Mal habe ich mir gesagt, dass es noch Menschen zu retten gibt. Jedes Mal, wenn ich es konnte, habe ich einen Mann, eine Frau, ein Kind gerettet. Als sie das Ghetto eingerichtet haben, als ich erfuhr, was die Nazis mit den Juden vorhatten, habe ich darum gebeten, hierher geschickt zu werden, nach Warschau. Ich bin jetzt seit zwei Jahren hier … Gleich am Tag meiner Ankunft habe ich Sie singen hören …«

»Sie haben mich gehört?«

Ich konnte meinen überraschten Ausruf nicht zurückhalten.

»Ich war mit einigen Offizieren im *Britannia*. Sie haben mich als ihren Vorkoster für Musik vorgestellt. Sie können sich sicher nicht daran erinnern ...«

Die blauen Augen. Der Blick, der mich nicht mehr losgelassen hatte. *Er* war es. Ich erinnerte mich. Er sprach weiter:

»Ich habe getan, was ich konnte ... Jedes Mal ... Ich habe Ihren Vater nicht retten können, mit seiner Geige ...«

Nun erinnerte ich mich genau an die Stimme.

»Sie waren das?«

»Ja. Ich habe dem General sagen lassen, dass in dem Waggon bemerkenswerte Musiker seien, dass man sie herauslassen solle ... Ich weiß, Sie denken: Warum die Musiker und nicht die anderen? Aber wissen Sie, an dem Tag, an dem Sie aus dem Zug herauskamen, sind zwei andere zusammen mit Ihnen geflohen. Aber nicht Ihr Vater ... ich selber bin bestraft worden, weil ich euch habe fliehen lassen. Der General war wütend.«

Er zögerte, ehe er fortfuhr:

»Wenn Sie herunterkommen, werden Sie mich vielleicht wiedererkennen ...«

Einen Moment lang vernahm man nur noch das schreckliche Prasseln der Brände. Alles in meinem Kopf drehte sich, aber ich wusste nicht, ob es an dem Rauch lag, der den Dachboden zu füllen begann, oder an der seltsamen Situation, in der ich mich mit diesem Mann befand. Die Stimme sprach weiter:

»Ich war auch dabei an dem Tag mit den Waisenkindern von Dr. Korczak. Sie ließen alle Kinder abziehen. Ich war Soldat, ich musste gehorchen. Ich hatte kein einziges Argument, doch ich bin Arzt ... Da war diese Farce mit den Sanitätsautos. Ich habe Sie singen gehört. Es war stärker als ich. Ich habe Sie am Arm gefasst und in

das Auto gezogen. Sie trugen ein Kind, sicher Ihren kleinen Bruder
... Ihr seid geflohen. Niemand hat etwas gesehen.«
»Das war nicht mein kleiner Bruder. Es war Neftali. Mein kleiner
Bruder, meine kleinen Brüder ...«
Ich konnte nicht weitersprechen. Da ergriff er meine Hand. Er
umschloss sie fest mit der seinen, und ich dachte nicht daran, mich
zu befreien.
»Jetzt müssen Sie kommen, Fräulein.«
Ich befreite mich aus meinem Versteck und sprang vor ihm auf
den Boden. Er ließ meine Hand los, verneigte sich leicht und sagte:
»Ich heiße Hans.«
Im selben Moment erkannte ich die Augen wieder, das träume-
rische Lächeln, das ich im *Britannia* wahrgenommen hatte. Um
meine Verwirrung zu verbergen, sagte ich, ohne lange nachzudenken:
»Hans Büchner?«
»Ja. Woher wissen Sie das?«
Ich stammelte etwas daher und brach in Tränen aus. Wohltuende
Tränen, die auf meinem Gesicht brannten, die aber nicht weh taten. Ich erzählte alles durcheinander, von meinem Onkel, meiner
Tante, von dem Stück Papier, das wir in der Tasche einer deutschen Uniform in der Fabrik Többens gefunden hatten. Von den
verrückten Mutmaßungen, die wir anstellten.
»Sie waren nicht verrückt. Wir versuchten, ein Netz auf die Beine
zu stellen, das es ermöglichte, Juden zu retten. Oh, man kann nicht
wirklich von einem Netz sprechen ... Wir waren eine Handvoll iso-
lierter Einzelgänger. Sehr isoliert, ganz allein, ohne irgendwelche
Mittel ...«
Ich fragte ihn, ob er jener Hans Büchner sei, der 1936 die Brahmssonate im Stadttheater von Warschau gespielt hatte – das Konzert,
in das mich mein Vater an meinem elften Geburtstag mitgenom-

men hatte. Er schaute mich mit großen erstaunten Augen an. Da erzählte ich ihm von der Demütigung, als mich mein Vater am Ende mit ins Künstlerzimmer geschleift hatte, weil ich ihn begrüßen sollte.

»Sie waren das also, das kleine zornige Mädchen! Sie zogen ihren Vater am Arm. Sie wollten gehen. Nach dem Konzert habe ich mich monatelang über mich geärgert, dass ich Henryk, den Freund meines Vaters, nicht habe festhalten können, dass ich nicht in der Lage gewesen bin, dieses kleine zornige Mädchen für mich zu gewinnen. Ich war den Leuten gegenüber, die nach den Konzerten zum Gratulieren zu mir kamen, so ungeschickt, so befangen ...«

Ich weinte, ich konnte nicht mehr aufhören und hörte ihm dabei zu. Die Schleusen hatten sich plötzlich durch die Begegnung mit diesem außerordentlichen Mann geöffnet, dessen Sanftheit ich bereits bei jenem ersten Lächeln erkannt hatte, das jetzt schon so lange zurücklag. Er nahm wieder meine Hand und drückte sie. Ich spürte, dass er verlegen war. So hielt er mich schweigend mehrere Minuten lang fest. Und plötzlich sagte er zu mir, mit einer schüchternen und zugleich mutigen Stimme:

»Ich bringe dich weit weg von hier, Lula, weit, weit weg, ich werde dich beschützen, ich werde dir helfen, das Warschauer Ghetto zu vergessen.«

Er nannte mich bei meinem Vornamen. Ich schaute mit fragendem Blick zu ihm auf. Meine Augen mussten seine Worte erwidert haben, denn er lächelte, strich mir die Haare aus dem Gesicht und sagte mit sanfter Stimme:

»Im *Britannia* habe ich mich nach deinem Namen erkundigt ... Lula Wilter ...«

Ich sagte nichts, ich war sprachlos, ich begriff nicht, wie mir geschah. Er streichelte behutsam meine Wange und ich spürte seine schwieligen Hände. Ich ließ es geschehen. Er sprach weiter:

»Lass mich dir helfen, Lula. Ich weiß, was sie vorbereiten. Sie wissen, dass ihr nicht mehr viele seid, dass ihr euch in den Kellern und in der Kanalisation versteckt. Sie sind dabei die Gullys zu versperren, durch die ihr in den arischen Teil der Stadt flüchten könntet. Es sind noch einige wenige übrig ... In den kommenden Stunden werden sie die Kanalisation ausräuchern ...«

Da nickte ich und murmelte:

»Ja, bitte.«

»Du wirst hier auf mich warten, ich werde nicht lange weg sein. Ich werde dich zu einem Gully führen, der noch erreichbar ist, und dir einen Plan machen, damit du sicher und wohlbehalten auf der anderen Seite herauskommst. Und ich werde da sein und dir helfen. Ich werde dir helfen, Polen zu verlassen.«

»Und du, wirst du mit mir kommen?«

Das war ganz von allein über meine Lippen gekommen. Völlig selbstverständlich, ich hatte nicht einmal nachgedacht.

Er zog mich an sich und küsste mich.

Danach sagte ich ihm, dass ich mit Rosa und Braschele aus dem Ghetto heraus wollte, und er versprach mir, dass er uns allen dreien helfen würde. Ich begab mich durch die Keller zurück in unsere Notunterkunft. Mir war ganz wirr im Kopf.

Er war mein Schicksal, mein Himmel, mein Ein und Alles, von Anfang an.

Yankel, Joseph und Rosa warteten ängstlich auf mich. Ich sagte, dass ich den Deutschen getroffen hatte, der mich schon drei Mal gerettet hatte, und dass er mir angeboten hatte, mir zu helfen, aus dem Ghetto herauszukommen, und ebenso Rosa und Braschele. Yankel fragte nur:

»Wann?«

»Sofort. Danach geht es nicht mehr.«

Wir sind bei Einbruch der Dunkelheit losgezogen. In der Gasse war es finster, aber am Ende, dort, wo sie in die Nowolipie-Straße mündete, ließ die Feuersbrunst das Pflaster rötlich schimmern. Wir mussten sie überqueren. Der Feuerhauch der Flammen hüllte uns plötzlich ein. An einigen Stellen war die Luft so heiß, dass man sie nicht einatmen konnte, und das Gesicht des Babys musste bedeckt werden. Glühende Balken stürzten neben uns herab, brennende Holzfußböden brachen mit grauenhaftem Getöse zusammen. In einigen Straßen schmolz der Teer und blieb an unseren Sohlen kleben. Riesige Feuersbrünste versperrten ganze Straßen. Ein Meer von Flammen erfüllte das gesamte Viertel zwischen der Mila- und der Zamenhova-Straße.

Wir gingen schnell, schweigend, von der Angst und der Gefahr angetrieben.

Der Deutsche erwartete uns wie vereinbart, ich sah, wie sich seine hohe Gestalt in der Dunkelheit abzeichnete. Er wartete auf mich. Als ich ihn erblickte, dachte ich, dass ich ihn noch gar nicht bei seinem Namen genannt hatte. Ich sagte »Hans«, und indem ich es sagte, vergaß ich das Feuer um uns herum. Er schaute mich an, und in seinen Augen sah ich alles, das Leben, die Hoffnung, die Liebe. Ich fühlte mich wieder stark. Hans begrüßte Rosa, die ihn ebenso anlächelte. Diese beiden Menschen, die mir in diesem Augenblick die Liebsten waren, lächelten sich im Feuerschein an, und das erfüllte mich mit intensiver und geheimnisvoller Freude. Man hörte eine Explosion, ganz in unserer Nähe. Hans nahm meine Hand und flüsterte uns zu, wir sollten ihm folgen. Wir bahnten uns einen Weg durch Schuttberge und rauchende Trümmer, den er zu kennen schien. Wir erreichten eine Gasse. Hans blieb stehen, schaute um sich und bückte sich, um den gusseisernen Deckel hochzuheben. Eine Eisentreppe führte senkrecht in die Tiefe des

197

Schachts. Er stieg als Erster hinein, nahm Braschele auf den Arm, und wir folgten ihm. Die Treppe endete an einer breiten Rampe unten in der Kanalisation.

»Das ist die Hauptader. Wir sind unter der Zamenhova-Straße. Ich führe euch, danach lasse ich euch allein. Ich darf nicht zu lange wegbleiben. Der eigentliche Weg ist eng und niedrig, ihr könnt euch nicht aufrecht halten. Am Ende dieses Tunnels wird der Spaziergang nicht mehr so angenehm werden ...«

Er hielt meine Hand, die er in einer Weise drückte, als hätte er Angst mich zu verlieren. Auch wenn ich noch so hoch im Schlamm watete, ich schwamm in Glückseligkeit. Das Bild brachte mich sogar zum Lächeln. Rosa schien vollkommenes Vertrauen zu haben, Braschele war ruhig. Als wir am Ende der Rampe angekommen waren, hielt mir Hans ein Stück Papier hin, das seine Anweisungen enthielt.

»Der Plan ist exakt, man muss ihm auf den Buchstaben genau folgen. Vor allem: keine Abkürzung, keine Experimente. Auch wenn der eingezeichnete Tunnel euch eng und stinkend vorkommt, es ist der, den ihr nehmen müsst, und keinen anderen!«

Er schaute auf seine Uhr.

»Es ist neun Uhr abends. Normalerweise solltet ihr gegen sechs oder sieben Uhr morgens auf der anderen Seite ankommen, wenn man es großzügig angeht. Ich werde euch nicht selber erwarten. Das ist zu gefährlich. Es ist ein polnischer Freund. Danach kümmere ich mich um euch.«

Er lächelte mich an, nahm mein Gesicht in seine Hände und murmelte:

»Und ich, ich werde mich um dich kümmern.«

Da fragte ich:

»Wer ist dieser Pole?«

»Er heißt Wladek. Absolut zuverlässig, es ist ein Mann, der ...«

198

»Wladek Iwanski?«

»Ja. Du kennst ihn?«

Das war eine völlig unerwartete Verbindung. Im Grunde wusste ich nichts von Hans und hatte mich nicht bemüht, etwas von seinem Leben zu erfahren. Es genügte mir zu wissen, dass er ein Gerechter unter Gerechten war, und dass die Geschichte unserer Liebe dort oben geschrieben worden war, alles andere war mir nicht wichtig. So holte mich diese Erklärung unvermittelt wieder auf den Boden der Tatsachen zurück.

»Woher kennst du Wladek?«

»Das war nicht schwierig. Ich habe jemanden in dem polnischen Netz von Warschau gesucht. Ich brauchte einen Menschen, der dich in Empfang nehmen konnte. Die Gemeinschaft, die den Juden hilft, ist nicht sehr groß ...«

»Hast du anderen geholfen? Ich meine, anderen als mir?«

Das war dumm von mir, ich höre noch immer Rosa in vorwurfsvollem Ton ausrufen:

»Luna!«

»Ja«, sagte Hans nur.

Und in der Dunkelheit nahm er mein Gesicht in seine beiden Hände und versenkte seinen blauen Blick in meine Augen. Dann küsste er mich, und er war mein erster Mann. Als wir uns trennten, war die Finsternis der Kanalisation voller Licht.

Es sollte eine lange Reise werden. Ungefähr zehn Stunden hatte Hans gesagt. Um dem Plan zu folgen, mussten wir oft anhalten und die Taschenlampe anknipsen. Es gab wenige gerade Verläufe, wir gingen die meiste Zeit gebeugt, manchmal sogar in der Hocke und im Finstern, um Batterien zu sparen. Wir hatten Hans um neun Uhr abends am Ende des Hauptkanals verlassen und ein Treffen um Mitternacht mit Jurek und Jan vereinbart, zwei Polen, die uns von dort aus zum richtigen Ziel führen sollten. Jurek war Wladeks jüngerer Bruder.

Wir bewegten uns in der Kanalisation vorwärts, das Wasser ging uns bis zur Hüfte. Ein ermüdender Gang durch Fluten von Unrat. Das schlechte Licht der Taschenlampe hatte immerhin den Vorteil, dass wir nicht erkannten, worin wir wateten. Sehr schnell wurde uns bewusst, dass wir uns verirrt hatten.

Wir hatten mittlerweile eine Verspätung von zwei Stunden und waren zunehmend entmutigt. Wir wollten es uns nicht eingestehen, aber uns quälte beide der Gedanke, wie die Ratten in der Kanalisation sterben zu müssen. Zweimal erblickte ich über uns einen Kanaldeckel. Ich erklomm die unterste der Eisenstufen. Wir hatten inzwischen einen Grad von Niedergeschlagenheit erreicht, wo alles besser gewesen wäre, als in dieser Kanalisation weiterzugehen. Wir wollten im Freien sterben. Aber es war nicht möglich die Deckel anzuheben. Offenbar hatten die Deutschen sie von außen blockiert.

Plötzlich vernahmen wir in der Ferne eine Detonation. Wir hörten, wie sich ihr Echo in dem Labyrinth der Kanäle brach. Wir blieben sprachlos stehen, ohne zu wissen, was wir tun sollten. Weitergehen? Zurückgehen? Plötzlich fing das Baby an, wie unter Krämpfen heftig zu niesen, dann begann es zu schreien. Braschele hatte vor uns das Giftgas wahrgenommen.

Wir machten kehrt und wateten überstürzt zurück, wobei wir versuchten im Wasser zu rennen. Es war ein Albtraum, die Wolke erreichte uns, die Kleine brüllte weiter, und bald begann sie Erstickungssymptome zu zeigen. Ich erblickte einen sehr engen Nebenarm der Kanalisation, direkt über dem Boden, einen Zufluss, in den das giftige Gas nicht einzudringen schien. Ich stieß Rosa und das Baby hinein. Wir mussten kriechen, das Wasser reichte uns bis zu den Lippen. Schließlich waren wir am Ende unserer Kräfte und brachen zusammen. Braschele hatte aufgehört zu brüllen. Sie lag jetzt ganz schlaff in den Armen ihrer Mutter, den Kopf nach hinten abgeknickt. Ich sah, dass Rosa ihre letzten Kräfte sammelte, um ihr Kind leidenschaftlich auf die Augen und den kleinen halb geöffneten Mund zu küssen. Bevor sie das Bewusstsein verlor, murmelte sie (vielleicht habe ich auch nur geträumt, dass sie es murmelte): »Sing, Luna. Sing!«

Dann verlor auch ich das Bewusstsein.

Jendenfalls – als ich etwas später wieder zu mir kam, hatte ich die Zauberformel im Ohr, die mich schon mehrere Male gerettet hatte: »Sing, Luna.« Also habe ich es getan. Ich weiß nicht wie, mit welchem Atem, mit welcher Luft, mit welcher Stimme. Es war kein Gesang, es war ein Murmeln, eine Klage, die wie durch ein Wunder aus meiner brennenden Kehle kam. In dem Dunkel der Kanalisation psalmodierte ich die düstere Melodie des *Kaddisch*, den Totengesang. Ich sang ihn für Rosa und für Braschele, die ich beide für tot hielt, aber auch für mich, die bald sterben würde, die schon im Begriff war zu sterben. Für Jakob und für meinen Vater, für meine Großmutter Ewa, für Isaac und für meine Mutter und für alle, die ich hatte fortgehen sehen, zu einer Zeit, die sich schon im Dunkel meiner kurzen Erinnerung verlor. Ich spürte, wie schon damals, als kleines Mädchen, dass meine Stimme sich von mir löste, und ich dachte, das sei der Tod und meine Seele sei im Begriff, sich von meinem Körper zu trennen. Ich sang im Dunkel und im Schlamm, und plötzlich war da Licht. Weit, weit weg, in der Tiefe des Tunnels, aber es war ja der Todestunnel, also sang ich weiter, um zum Licht zu gelangen. Und dann erfüllte mich das Licht.

Ich hörte, wie eine Stimme rief:

»Dort sind sie!«

Es war Jurek.

Sie suchten uns seit Stunden. Sie hatten die Granate explodieren gehört und das Kribbeln gespürt, das darauf hindeutete, woher das Giftgas kam. Dann hatten sie mich gehört. Sie trugen uns bis zur Rampe des Hauptkanals. Das Gas war abgezogen, man konnte frei atmen. Ich öffnete die Augen. Braschele wimmerte leise, und ihr kleiner Körper wurde von Hustenanfällen geschüttelt. Aber sie lebte, und Rosa bedeckte sie mit Küssen.

Nach einer kleinen Weile gingen wir weiter. Wir liefen im Gänsemarsch, als wir das Geräusch von Stiefeln hörten. Überstürzt duckten wir uns ins Wasser. Braschele fing wieder an zu weinen. Rosa versuchte verzweifelt, sie zu beruhigen. Es war unmöglich herauszufinden, woher diese Schritte kamen, die durch das hallige Gewölbe verstärkt wurden. In der Ferne vernahmen wir Schüsse. Unbewusst, um meine Gedanken abzulenken, begann ich zu zählen, so wie es Rosa einst getan hatte. Ich zählte zwei, drei, vier, fünf, sechs Schüsse. Und dann vervielfachten sich die Schüsse wiederum, wie ein Bild in einem Spiegel. Unsere Herzen schlugen bis zum Hals. Jurek schwenkte den Lichtstrahl seiner Lampe vor uns hin und her. Und dann zeichnete sich Wladeks Gestalt im Licht ab. Ich habe sofort gespürt, dass da etwas nicht in Ordnung war. Was machte er dort, er sollte uns doch draußen erwarten?

»Ihr habt zwei Stunden Verspätung! Wir sind vor Angst gestorben. Wir haben uns auf die Suche nach euch gemacht …«

Eine unkontrollierbare Angst erfasste mich. Warum war er vor Angst gestorben? Inwiefern berührte es ihn? Jurek und Jan waren doch da, um uns durch das Labyrinth der Kanalisation zu helfen. Ich unterbrach ihn:

»Was waren das für Schüsse?«

»Wir warteten. Wir wussten, dass die Deutschen Gas eingesetzt hatten. Wir sind in den Gully hinuntergestiegen und haben sofort deutsche Stimmen gehört. Meine Kameraden sind in Richtung der

Patrouille gerannt, um sie auszuschalten. Sie haben sie ein Stück weiter entfernt erwischt und erschossen. Es waren nur drei ... drei Deutsche, ich war nicht dabei ...«

Wladek schien außer sich, er zitterte wie Espenlaub.

»Ich hatte solche Angst ... dass ihr in der Nähe wart.«

Da wurde auch ich von einem Zittern erfasst, das mich wie eine mächtige, reißende Woge vom Scheitel bis zu den Zehenspitzen durchlief.

Ich schaute Wladek an. Er hielt meinem Blick nicht stand. Er murmelte noch einmal:

»Ich hatte solche Angst ...«

Ich sagte:

»Wo ist es?«

Mit dem Kinn zeigte er in eine Richtung. Ich stieß tonlos hervor:

»Führ mich hin!«

Sie lagen alle drei im Wasser, aber ich sah nur ihn. Hans. Seine Augen waren offen, und mir war, als blicke er mich an. Doch er war tot.

Ich kniete nieder, nahm seinen Kopf in meine Arme und küsste seine Augen, sein Gesicht, seinen Mund, der noch warm war, seinen Hals. Ich weinte in seine blonden Haare, in denen Blut war. Dann legte ich mich neben ihn ins Wasser, in dem auch sein Blut war, und ich blieb so an ihn gedrückt liegen, mein lebendiger Körper neben seinem Körper, der tot war. Und dann führte mich Rosa weit weg von Hans und der Kanalisation und von meiner Liebe.

Ich hatte sofort erraten, was geschehen war. Hans hatte ebenfalls auf uns gewartet. Besorgt, weil er uns nicht kommen sah, konnte er sich nicht länger zügeln und begab sich zu der Stelle, wo wir auftauchen sollten. Als er an der Mauer vorbeikam, sah er, wie zwei SS-Männer gerade in den Kanalschacht einstiegen. Wir mussten uns in diesem Sektor befinden, das wusste er. Er war ihnen eilig

203

gefolgt, um sie auszuschalten. Dann waren da Wladek und seine Kameraden. Und sie hatten geschossen.

Draußen erwartete uns Braschele auf Wladeks Arm. Das Tageslicht brannte mir mehr in den Augen, als es das Gas getan hatte. Ich wollte weder dieses Licht sehen, noch diesen Tag. Ich verbarg das Gesicht in meinen Händen. Ich glaube, eine Menge Menschen sah zu, wie wir aus diesem Loch herauskamen, regungslos und respektvoll, wie die Menge zuschaut, wenn ein Toter unter die Erde gebracht wird. Hier war es umgekehrt. Das alles habe ich nicht wahrgenommen, man hat es mir später erzählt.

Rosa, Braschele und ich wurden bei Regina, Wladeks Mutter, untergebracht, die in einem Vorort von Warschau wohnte und wo Neftali seit sechs Monaten versteckt war. Es war der elfte Mai. Neftali, der jetzt Olek hieß, empfing uns mit Freudenschreien und Regina mit aller Zärtlichkeit, mit der sie so verschwenderisch umging. Als ich ihn auf den Arm nahm, fing Olek fröhlich an zu rufen:

»Ia-ac, Ia-ac!«

Er rief seinen Spielkameraden. Rührung übermannte mich. Ich drückte Olek an mein Herz und weinte an seiner warmen Wange, während er mit meinen Haaren spielte und dabei erstaunt meine Augen suchte.

Regina legte die Hand auf meine Schulter und führte mich sanft in Richtung Küche, wo uns ein Imbiss erwartete, wie ihn meine Vorstellungskraft sich nicht mehr hätte ausmalen können: Cremeschnitten, selbstgemachtes Hefegebäck, heißer Tee, helle, weiße Milch. So seltsam es erscheinen mag, der Anblick dieser Mahlzeit hat meinen Kummer vorübergehend zugedeckt, und Rosa und ich griffen gierig zu, unter den entzückten Blicken Wladeks und seiner Mutter.

Die Monate vergingen. Daraus wurde ein Jahr. Dann zwei. Noch später habe ich Wladek geheiratet. Wir sind fortgegangen, um in Amerika zu leben, zusammen mit dem kleinen Olek. Ich habe Hans nie vergessen. Noch das Ghetto, das mir so viel Liebe gegeben hat. Sie alle sind immer da, sie leben in meiner Erinnerung.

Jahrelang habe ich nicht gesungen. Meine Stimme war ausgetrocknet, wie ein Bergbach, von dessen Dasein nur die Steine im verlassenen Bett zeugen. Und dann erscheint eines Tages wieder ein Rinnsal. Die alte Quelle sprudelt wieder hervor, ein wenig tiefer, etwas weiter seitlich. Bei der Geburt meiner kleinen Rutka hat das alte Wiegenlied aufs Neue seinen Weg an die Oberfläche gefunden, wie die vergessene Quelle unter dem dichten Gras wieder ans Tageslicht kommt und durch ihr Gemurmel auf sich aufmerksam macht:

»Der Mond ist weiß, schlaf, meine Luna; bald wird der Mond verblassen, bald, Luna, kommt der Tag.«

EPILOG

Heute Abend bin ich allein im Lichtkreis meiner Lampe. Ich habe meine Erzählung gerade beendet. Acht Jahre sind vergangen, seit wir Polen verlassen haben, um in die Vereinigten Staaten zu gehen. In ihrem Zimmer schläft meine kleine Tochter Rutka den wunderbaren Schlaf der Kindheit.

Ich habe für dich geschrieben, geliebte Tochter. Damit du nicht von dem Grauen, sondern von dem Leben, nicht von der Hoffnungslosigkeit, sondern von der geheimnisvollen Kraft erfährst, die in uns allen ist, vorausgesetzt, dass wir leben und es wissen. Ich schreibe nicht, um dir das Schlimmste zu erzählen, das werden andere tun, es wird Dutzende von Büchern über das Warschauer Ghetto geben. Ich schreibe, um dir die rechte Menge an Hoffnung zu geben, weil deine Kindheit bald in die Ferne rückt und du es bald verstehen kannst. Ich schreibe, damit du dich an deinen Großvater erinnerst, den du nicht gekannt hast, der die Zähne zusammenbiss und mir befahl zu singen, als alles um uns herum zusammenbrach. Ich schreibe dieses Buch, das vielleicht deinen Namen tragen wird, damit du dich erinnerst, dass es im verborgensten Winkel des Lebens deiner Mutter einen allmächtigen, leuchtenden Faden gab, der sie im Auge des Sturms am Leben erhalten hat.

Ich schreibe, um dir zu sagen, dass du stark bist, stark vielleicht gerade auch durch all das; so stark, wie ich es gewesen bin, ohne es zu wissen, einfach, weil mein Vater an mich glaubte und es mir Tag für Tag bis zuletzt gesagt hat. Ich schreibe, um dir zu sagen, wie sehr ich an dich glaube, um dir von der Kraftlinie zu erzählen, die unsere Geschichte durchzieht, kontinuierlich und unbeugsam; eine Linie, die ihren Weg durch Kriege und Zerstörungen hindurch unbeirrbar fortsetzt und geschwächt, aber heil wieder hervortritt. Die in jeder Generation wieder auf eine neue Jugend trifft. Und diese Kraftlinie ist ein Liebesband.